经典中漫步 6

JINGDIAN ZHONG MANBU

主编 徐名印

亲爱的同学，当你打开这本书时，你就开启了一段惬意的旅程。从相遇、相知，到相伴前行，淡淡的书香将一直萦绕在你身边。

在初中语文教材里，你会读到许多名篇佳作，你将会沉浸在充满智慧、有温度的文字世界中，语文素养自然会得到提升。面对神秘奇幻的自然、日新月异的世界、渐趋丰盈的人生，每册教材中的二十几篇课文，恐怕很难再满足你的阅读需求，你的阅读理应更广泛、更自由、更专业。如何让课内外读物有机融合成滋养你成长的沃土？如何让点滴的阅读收获汇聚成助推你遨游书海的动力？我们汇聚全国各地的名师，在研读教材的基础上精选文章，设计帮你实现高效阅读、自主学习的平台和支架……

于是，便有了摆在你面前的这本书。

这本书分为经典诵读、单元学习、整本书阅读三个板块。

第一个板块是“经典诵读”，所选古诗词历久弥新。针对诗词中可能会给你造成阅读障碍的生字难词，我们加注了读音和注释，且辅以专业诵读音频供你赏听以及鉴赏资料供你查阅。希望你能利用每天的晨读或其他课余时间反复诵读，持之以恒，假以时日，定能厚积薄发。

第二个板块是“单元学习”，我们精心挑选了一组与课文主题相关的文章，组合成一个阅读单元，让你在学习课文的基础上拓展阅读更多佳作；针对教材中的每个写作主题，我们也选取了相应的文章（含片段）组成单元，为你的写作指引方向或触发灵感。其中“范文阅读”“组文阅读”“自由阅读”和“类文阅读”四个小标签可提示你采用不同的方式进行阅读。选文之外还附有单元导语、旁批、学习提示、单元学习任务等助读工具，为你的自主阅读提供助力。

带有“范文阅读”标签的文章最贴近教读课文的学习要点，你可以在学过教读课文后，参看这些范文的学习提示进行阅读，习得课内所学。

带有“组文阅读”标签的文章都与教读课文主题相关，帮助你在多篇文章的比较阅读中拓宽视野、发展思维、形成能力。阅读时，你可以参看文后的单元学习任务，运用阅读所得解决实际问题，提升语言文字的实际运用能力。

带有“自由阅读”标签的文章与自读课文相关联，你可以根据自己的需要、兴趣自主选择阅读，多读、少读、深读、浅读皆可，如能养成边读边做批注的习惯，你会邂逅更多精彩与惊喜。

带有“类文阅读”标签的是一组与单元写作要求相匹配的文章，配合单元写作重点为你的写作实践提供技巧点拨。

第三个板块是“整本书阅读”，推荐书目多为《义务教育语文课程标准（2011版）》中建议初中生阅读的名著。我们设计了“阅读导航”“精彩选篇”“阅读规划”“交流平台”等助读工具，若能激发你的阅读兴趣，为你提供科学的方法指导，助你养成主动阅读整本书的习惯，我们将由衷地感到欣慰。

愿这本书能陪伴着你在阅读的黄金时期，与经典交流，与大师对话，帮助你积累知识，开阔视野，丰富心灵，培育精神，做睿智、优雅的人！

顾之川

经典诵读

第一单元　揣摩领悟

范文阅读

组文阅读

第二单元　演出体验

类文阅读

第三单元　战争策略

范文阅读

组文阅读

第四单元　诤言讽谏

自由阅读

第五单元　鸿鹄大志

自由阅读

第六单元　赤胆忠心

范文阅读

组文阅读

第七单元　诗苑词坛

范文阅读

组文阅读

第八单元　独特新奇

类文阅读

第九单元　中国精神

整本书阅读

经典诵读

在经典中浸润，在诗海中徜徉，让心灵开始一次雅韵悠长的旅程。从《诗经》到宋词，从田园到边塞，从婉约到豪放，从现实主义到浪漫主义……那些作品，或率真质朴，或清幽缠绵，或慷慨刚健，或隽永蕴藉，寄托了中华儿女的家国情怀，传承着博大精深的中华文明。

有了诗词的濡染，我们的学习自当渐入佳境；有了经典的浸润，我们的生活定会异彩纷呈。

扫码收听朗诵音频

1. 滕王阁诗

⊙〔唐〕王勃

滕王高阁临江渚①，佩玉鸣鸾②罢③歌舞。
画栋朝飞南浦云，珠帘暮卷西山雨。
闲云潭影日悠悠，物换星移④几度秋。
阁中帝子⑤今何在？槛⑥外长江空自流。

赏析

这首诗附在作者的名篇《滕王阁序》后，概括了序的内容。首联点出滕王阁的形势并遥想当年兴建此阁时豪华繁盛的宴会的情景；颔联紧承第二句写画栋飞上了南浦的云，珠帘卷入了西山的雨，表现了滕王阁的高峻；颈联由空间转入时间，“日悠悠”“几度秋”，很自然地生出了风物更换季节，星座转移方位的感慨，引出尾联；尾联感慨人去阁在，江水永流，收束全篇。全诗从空间、时间双重维度展开对滕王阁的吟咏，笔意纵横，语言凝练，气度高远，境界宏大，与《滕王阁序》真可谓双璧同辉，相得益彰。

---

① 渚（zhǔ）：水中小洲。

② 佩玉鸣鸾：身上佩带的玉饰、响铃。

③ 罢：停歇。

④ 星移：岁月在移动着。古天文学以木星为岁星，岁星运行一周天，约为 12 年。

⑤ 帝子：指滕王，高祖李渊之子。

⑥ 槛（jiàn）：栏杆。

扫码收听朗诵音频

2. 菩萨蛮

⊙〔唐〕温庭筠

小山[①]重叠金[②]明灭，鬓云[③]欲度香腮雪。懒起画蛾眉[④]，弄妆梳洗迟。

照花前后镜[⑤]，花面交相映。新帖[⑥]绣罗襦，双双金鹧鸪[⑦]。

这首词写女子晨起梳妆时的慵懒姿态。通过对女主人公容貌、服饰的精细描摹，揭示了华贵娇弱背后所隐含的深深的空虚和寂寞，而这份空虚和寂寞又显然是源于爱情的不完满。女主人公的懒于梳妆和“双双金鹧鸪”的意象，都暗示了这一点。此词风格浓艳，有富贵气，但含蓄委婉，刻画情貌细腻纤巧，在温词中具有代表性。

---

① 小山：晚唐五代时盛行的眉妆之名，为“十眉”之一。一说指屏风的图案。

② 金：“额黄”，唐代妇女饰眉所用。

③ 鬓云：如云的鬓发。形容头发蓬松。

④ 蛾眉：如蛾须一样细长的眉毛。

⑤ 前后镜：用两面镜子前后相照，以看两鬓花插得是否合适。

⑥ 帖：盘绣，一种绣花的方式。

⑦ 金鹧鸪：金线所绣的鹧鸪图案。

扫码收听朗诵音频

3. 汉江临泛[1]

⊙〔唐〕王维

楚塞三湘[2]接，荆门[3]九派[4]通。
江流天地外，山色有无中。
郡邑浮[5]前浦，波澜动远空。
襄阳[6]好风日，留醉与山翁[7]。

赏析

这首《汉江临泛》可谓王维融画法入诗的力作。先以雄健的笔触，总写汉江四通八达之广袤奔涌，再用传神之笔绘出山色江流的浑阔汹涌之势，而空气氤氲，光线柔和，江流浩瀚，水天相接的流动之美，令人心驰神往。襄阳风光，山翁醉客，无限情意，醉中欲享，不愧为咏汉江之绝唱。其中名句“江流天地外，山色有无中”，以山光水色作为画幅的远景：汉江滔滔远去，好像一直涌流到天地之外去了，两岸重重青山，迷迷蒙蒙，时隐时现，若有若无。前句写出江水的流长邈远，后句又以苍茫山色烘托出江势的浩瀚空阔。诗人着墨极淡，却给人以壮丽奇伟之感，其效果远胜于重彩浓抹的油画和色调浓丽的水彩。而其“胜”，就在于画面的气韵生动。

---

① 诗题一作《汉江临眺》。汉江，汉水。临泛，到汉水中泛舟。

② 三湘：湘水合漓水称漓湘，合潇水称潇湘，合蒸水称蒸湘，故又称三湘。

③ 荆门：山名，荆门山，在今湖北省宜都市西北、长江南岸。

④ 九派：古代长江流至浔阳（今江西省九江市）分为九条支流。

⑤ 浮：浮动。

⑥ 襄阳：今湖北省襄阳市，临汉水。

⑦ 山翁：晋时的山简。据《晋书·山简传》记载，山简在镇守襄阳时常去名胜习家池畔饮酒，每饮必醉。这里代指襄阳地方官员。

扫码收听朗诵音频

4. 曲江[1]二首（其一）

⊙〔唐〕杜甫

一片花飞减[2]却春，风飘万点[3]正愁人。
且看欲尽花经眼[4]，莫厌伤[5]多酒入唇。
江上小堂巢翡翠[6]，苑边高冢卧麒麟。
细推物理[7]须行乐，何用浮名绊此身？

赏析

这首诗写于乾元元年（758）春。当时诗人在朝中任左拾遗一职，因上疏救房琯触怒肃宗，被肃宗疏远。时值暮春，花谢花飞，眼看着“流水落花春去也”，诗人不禁把酒伤怀。安史之乱后，曲江一片萧条，门可罗雀，石麒麟倒卧在高冢之前；时逢诗人官场失意，朝不保夕。面对此情此景，诗人百感交集，想举杯消愁、及时行乐，结果却是愁上加愁。这首诗含蓄而且富有神韵。诗人只是抒写了最典型而且最有特征的事物，让读者通过已经抒发的情感和已经描写的景物去体会尚未抒发的情感和尚未描写的景物，令人回味无穷，想象无限。全诗布局精细，出神入化。

---

① 曲江：又名曲江池，故址在今西安城南五六公里处，原为汉武帝时所造。唐玄宗开元年间重加整饬。其南有紫云楼、芙蓉苑；西有杏园、慈恩寺，是著名游览胜地。

② 减：消减。

③ 万点：形容落花之多。

④ 经眼：从眼前经过。

⑤ 伤：伤感，忧伤。

⑥ 翡翠：翠鸟，一种水鸟。红色羽毛的叫翡，绿色羽毛的叫翠。

⑦ 物理：事物变化的道理。

扫码收听朗诵音频

5. 曲江二首（其二）

⊙〔唐〕杜甫

朝回日日典春衣[①]，每日江头尽醉归。
酒债寻常行处有，人生七十古来稀[②]。
穿花蛱蝶深深见，点水蜻蜓款款飞。
传语风光共流转[③]，暂时相赏莫相违。

赏析

《曲江二首》是联章诗，上、下两首之间有内在的联系。这首诗是紧承第一首“何用浮名绊此身”而来。诗人借酒消愁，日日江头尽醉归，因此落得酒债满身，不得不典当春衣。虽然如此，他还是赏花玩景，高唱及时行乐，因为他深知人生短暂。然而仔细探索，就会发现言外有意、弦外有音，景外有景、情外有情，更深刻地表达了诗人此时官场失意的苦闷彷徨之情。正是“测之而意深，究之而意来”，真正表现了“神余像外”的艺术特点。

---

① 典春衣：典当春天穿的衣服。

② 古来稀：自古以来就很稀少。

③ 流转：流动变化。

扫码收听朗诵音频

6. 寄扬州韩绰[①]判官[②]

⊙〔唐〕杜牧

青山隐隐[③]水迢迢，秋尽江南草未凋[④]。
二十四桥[⑤]明月夜，玉人[⑥]何处教吹箫。

这首诗是诗人离开扬州后寄给扬州友人的诗，诗中的前两句写江南秋景，表达怀念江南的深情。后两句选取诗人最恋念的扬州景点，巧妙地将二十四位美人吹箫于桥上的美丽传说和现实中韩绰的风流倜傥联系在一起。诗人本是问候友人近况，却故意用玩笑的口吻与韩绰调侃，将韩绰风流才子的形象鲜明地勾勒了出来。诗人将这类调笑寄寓在风调悠扬、清丽俊爽的画面之中，表达了他对江南风光和与友人欢聚的无限向往。

---

① 韩绰（chuò）：生平不详，杜牧集中赠他的诗共有两首，另一首是《哭韩绰》，看来两人友情甚笃。

② 判官：地方长官的僚属。时韩绰为淮南节度使判官，与杜牧曾为同僚。

③ 隐隐：不分明的样子。

④ 凋：凋落。

⑤ 二十四桥：一说扬州城里原有二十四座桥；一说即吴家砖桥，因古时有二十四位美人吹箫于桥上而得名。

⑥ 玉人：既可借以形容美丽洁白的女子，又可比喻风流俊美的才郎。从寄赠诗的写法及末句中的“教”字看来，此处玉人当指韩绰。

扫码收听朗诵音频

7. 酒泉子

⊙〔宋〕潘阆

长[①]忆观潮，满郭[②]人争江上望。来[③]疑沧海尽成空，万面鼓声中。

弄潮儿向涛头[④]立，手把红旗旗不湿。别来几向梦中看，梦觉[⑤]尚心寒。

赏析

本词起笔便写出了万头攒动、争睹奇观的场面，“长”字表明词人对于杭州观潮盛况，永志难忘，经常回想。一个“争”字将杭州人倾城而出，拥挤于钱塘江边，踮起脚尖，伸长脖子争看江面潮水上涨的情景尽现眼底。三、四句运用了比喻、夸张的修辞手法，“沧海尽成空”“万面鼓”渲染出了钱塘江潮水排山倒海的气势，这气势让人陶醉。接下来对弄潮儿的描写为全词的高潮，所谓“弄潮儿”就是敢于在风口浪尖上向潮头挑战，戏弄潮头、藐视潮头的健儿。“手把红旗旗不湿”，显出弄潮儿的豪迈气概，他们向“涛头”挺立，出没于起伏动荡的惊涛骇浪中，手举红旗，不被潮水溅湿，这是不可思议的奇迹，也是不可多见的奇观！末两句呼应开头，突出了“忆”的主题。“梦觉尚心寒”，词人用自己的感受——连做梦也被惊险的弄潮场面吓得胆战心寒，烘托“弄潮儿”的精彩表演，实际是对“弄潮儿”的热情歌颂。

---

① 长：常常。

② 满郭：满城。

③ 来：指潮涨起来的时候。

④ 涛头：潮头。

⑤ 梦觉：梦醒。

扫码收听朗诵音频

8. 潍县署中画竹呈年伯[①]包大中丞括[②]

⊙〔清〕郑燮

衙斋[③]卧听萧萧竹，疑是民间疾苦声。

些小[④]吾曹[⑤]州县吏，一枝一叶总关情。

赏析

这首诗是郑板桥于乾隆十一、十二年间任山东潍县(今山东省潍坊市)知县时所作。当时他画过一幅《风竹图》呈送包括，此诗即是题写在这幅画上的。诗人虽然在官衙内写诗作画，但诗画只是借以抒发自己的情志，他的内心时时刻刻牵系着百姓的疾苦。此诗便表达了这种情怀。诗人从窗外的萧萧竹声联想到百姓的疾苦声，并进一步想到自身的责任，可谓“位卑未敢忘忧民”，一个封建时代的官吏，对百姓有如此深厚的感情，实在是难能可贵的。全诗既有明志自勉之心，更含相与为善之意，一轴画，四句诗，把作者对人民真挚而执着的人道主义情怀寄寓在诗情画意之中，达到了无迹可求的审美境界。

---

① 年伯：科举时代称同科考取的人为同年，对同年的父辈或父亲的同年称年伯。

② 包大中丞括：包括，字银河，钱塘（今浙江省杭州市）人，康熙四十五年（1706）进士，其时任山东布政使，署理巡抚，故称“中丞”。

③ 衙斋：官衙中的书斋。

④ 些小：指官职卑微。

⑤ 吾曹：我们。

揣摩领悟

在戏剧灿烂的长河里，历尽时光流转、地域变迁，还依旧耀眼的是一个个性格鲜明的人物，他们独特的遭遇、曲折的命运、不朽的人格，始终留存在读者的心中，在过去，在当下，也会在未来。戏剧是生活的镜子，是浓缩的人生。欣赏戏剧，可以让我们见识世间百态，品尝生活百味。让我们跟随名家的脚步，走进精彩的故事，品味作品的语言特色，领略人物的独特风采。

阅读本单元文章，要注意理清剧中人物关系；在掌握剧中故事发生的历史背景的基础上，关注剧中的情节冲突，了解人物活动的社会环境，深入理解剧本的主题；揣摩人物语言的深层含义，观察剧本是如何借助人物语言推进剧情、刻画人物、表现主题的。

威尼斯商人（节选）

⊙〔英国〕莎士比亚

公爵、众绅士、安东尼奥、巴萨尼奥、葛莱西安诺、萨拉里诺、萨莱尼奥及余人等同上。

公　　爵　安东尼奥有没有来？

安东尼奥　有，殿下。

公　　爵　我很为你不快乐；你是来跟一个心如铁石的对手当庭质对，一个不懂得怜悯、没有一丝慈悲心的不近人情的恶汉。

安东尼奥　听说殿下曾经用尽力量劝他不要过为已甚，可是他一味坚执，不肯略做让步。既然没有合法的手段可以使我脱离他的怨毒的掌握，我只有用默忍迎受他的愤怒，安心等待着他的残暴的处置。

公　　爵　来人，传那犹太人到庭。

萨拉里诺　他在门口等着。他来了，殿下。

夏洛克上。

公　　爵　大家让开些，让他站在我的面前。夏洛克，人家都以为——我也是这样想——你不过故意装出这一副凶恶的姿态，到了最后关头，就会显出你的仁慈恻隐来，比你现在这种表面上的残酷更加出人意料；现在你虽然坚持着照约处罚，一定要从这个不幸的商人身上割下一磅肉来，到了那时候，你不但愿意放弃这一种处罚，而且因为受到良心上的感动，说不定还会豁免他一部分的欠款。你看他最近接连遭逢的巨大损失，足以使无论怎样富有的商人倾家荡产，即使铁石一样的心肠，从来不知道人类同情的野蛮人，也不能不对他的境遇产生怜悯。犹太人，我们都在等候你一句温和的回答。

夏洛克　我的意思已经向殿下告禀过了；我也已经起誓，一定要照约执行处罚；要是殿下不准许我的请求，那就是蔑视宪章，我要到京城里去上告，要求撤销贵邦的特权。您要是问我为什么不愿接受三千块钱，宁愿拿一块腐烂的臭肉，那我可没有什么理由可以回答您，我只能说我欢喜这样，这是不是一个回答？要是我的屋子里有了耗子，我高兴出一万块钱叫人把它们赶掉，谁管得了我？这不是回答了您吗？有的人不爱看张开嘴的猪，有的人瞧见一只猫就要发脾气，还有人听见人家吹风笛的声音，就忍不住要小便；因为一个人的感情完全受着喜恶的支配，谁也做不了自己的主。现在我就这样回答您：为什么有人受不住一头张开嘴的猪，有人受不住一只有益无害的猫，还有人受不住咿咿唔唔的风笛的声音，这些都是毫无充分的理由的，只是因为天生的癖性，使他们一受到刺激，就会情不自禁地现出丑相来。所以我不能举什么理由，也不愿举什么理由，除了因为我对于安东尼奥抱着久积的仇恨和深刻的反感，所以才会向他进行这一场对于我自己并没有好处的诉讼。现在您不是已经得到我的回答了吗？

巴萨尼奥 你这冷酷无情的家伙，这样的回答可不能作为你的残忍的辩解。

夏洛克 我的回答本来不是为了讨你的欢喜。

巴萨尼奥 难道人们对于他们所不喜欢的东西，都一定要置之死地吗？

夏洛克 哪一个人会恨他所不愿意杀死的东西？

巴萨尼奥 初次的冒犯，不应该就引为仇恨。

夏洛克 什么！你愿意给毒蛇咬两次吗？

安东尼奥 请你想一想，你现在跟这个犹太人讲理，就像站在海滩上，教那大海的怒涛减低它的奔腾的威力，责问豺狼为什么害母羊为了失去它的羔羊而哀啼，或是叫那山上的松柏，在受到大风吹拂的时候，不要摇头摆脑，发出簌簌的声音。要是你能够叫这个犹太人的心变软——世上还有什么东西比它更硬呢？——那么还有什么难事不可以做到？所以我请你不用再跟他商量什么条件，也不用替我想什么办法，让我爽爽快快受到判决，满足这犹太人的心愿吧。

巴萨尼奥 借了你三千块钱，现在拿六千块钱还你好不好？

夏洛克 即使这六千块钱中间的每一块钱都可以分做六份，每一份都可以变成一块钱，我也不要它们；我只要照约处罚。

公爵 你这样一点没有慈悲之心，将来怎么能够希望人家对你慈悲呢？

夏洛克 我又不干错事，怕什么刑罚？你们买了许多奴隶，把他们当作驴狗骡马一样看待，叫他们做种种卑贱的工作，因为他们是你们出钱买来的。我可不可以对你们说，让他们自由，叫他们跟你们的子女结婚？为什么他们要在重担之下流着血汗？让他们的床铺得跟你们的床同样柔软，让他们的舌头也尝尝你们所吃的东西吧，你们会回答说："这些奴隶是我们所有的。"所以我也可以回答你们：我向他要求的这一磅肉，是我出了很大的代价买来的。它是属于我的，我一定要把它拿到手里。您要是拒绝了我，那么你们的法律去见鬼吧！威尼斯城的法令等于一纸空文。我现在等候着判决，请快些回答我，我可不可以拿到这一磅肉？

公　　爵　我已经差人去请培拉里奥，一位有学问的博士，来替我们审判这件案子；要是他今天不来，我可以有权宣布延期判决。

萨拉里诺　殿下，外面有一个使者刚从帕度亚来，带着这位博士的书信，等候着殿下的召唤。

公　　爵　把信拿来给我，叫那使者进来。

巴萨尼奥　高兴起来吧，安东尼奥！喂，老兄，不要灰心！这犹太人可以把我的肉、我的血、我的骨头、我的一切都拿去，可是我决不让你为了我的缘故流一滴血。

安东尼奥　我是羊群里一头不中用的病羊，死是我的应分；最软弱的果子最先落到地上，让我也就这样结束了我的一生吧。巴萨尼奥，我只要你活下去，将来替我写一篇墓志铭，那你就是做了再好不过的事。

尼莉莎扮律师书记上。

公　　爵　你是从帕度亚培拉里奥那里来的吗？

尼　莉　莎　是，殿下。培拉里奥叫我向殿下致意。（呈上一信）

巴萨尼奥　你这样使劲儿磨着刀干吗？

夏　洛　克　从那破产的家伙身上割下那磅肉来。

葛莱西安诺　狠心的犹太人，你不是在鞋口上磨刀，你这把刀是放在你的心口上磨；无论哪种铁器，就连刽子手的钢刀，都赶不上你这刻毒的心肠一半的锋利。难道什么恳求都不能打动你吗？

夏　洛　克　不能，无论你说得多么婉转动听，都没有用。除非你能够把我这一张契约上的印章骂掉，否则像你这样拉开了喉咙直嚷，不过白白伤了你的肺，何苦来呢？好兄弟，我劝你还是让你的脑子休息一下吧，免得它损坏了，将来无法收拾。我在这儿要求法律的裁判。

公　　　爵　培拉里奥在这封信上介绍一位年轻有学问的博士出席我们的法庭。他在什么地方？

尼　莉　莎　他就在这儿附近等着您的答复，不知道殿下准不准许他进来？

公　　　爵　非常欢迎。来，你们去三四个人，恭恭敬敬领他到这儿来。现在让我们把培拉里奥的来信当庭宣读。

书　　　记　（读）“尊翰到时，鄙人抱疾方剧；适有一青年博士鲍尔萨泽君自罗马来此，致其慰问，因与详讨犹太人与安东尼奥一案，遍稽群籍，折中是非，遂恳其为鄙人庖代，以应殿下之召。凡鄙人对此案所具意见，此君已深悉无遗；其学问才识，虽穷极赞辞，亦不足道其万一，务希勿以其年少而忽之，盖如此少年老成之士，实鄙人生平所仅见也。倘蒙延纳，必能不辱使命。敬祈钧裁。”

公　　爵　你们已经听到了博学的培拉里奥的来信。这儿来的大概就是那位博士了。

鲍西娅扮律师上。

公　　爵　把您的手给我。足下是从培拉里奥老前辈那儿来的吗？

鲍 西 娅　正是，殿下。

公　　爵　欢迎欢迎，请上坐。您有没有明了今天我们在这儿审理的这件案子的两方面的争点？

鲍 西 娅　我对于这件案子的详细情形已经完全知道了。这儿哪一个是那商人，哪一个是犹太人？

公　　爵　安东尼奥，夏洛克，你们两人都上来。

鲍 西 娅　你的名字就叫夏洛克吗？

夏 洛 克　夏洛克是我的名字。

鲍 西 娅　你这场官司打得倒也奇怪，可是按照威尼斯的法律，你的控诉是可以成立的。（向安东尼奥）你的生死现在操在他的手里，是不是？

安东尼奥　他是这样说的。

鲍　西　娅　你承认这借约吗？

安东尼奥　我承认。

鲍　西　娅　那么犹太人应该慈悲一点。

夏　洛　克　为什么我应该慈悲一点？把您的理由告诉我。

鲍　西　娅　慈悲不是出于勉强，它是像甘霖一样从天上降下尘世；它不但给幸福于受施的人，也同样给幸福于施与的人；它有超乎一切的无上威力，比皇冠更足以显出一个帝王的高贵：御杖不过象征着俗世的威权，使人民对于君上的尊严凛然生畏；慈悲的力量却高出于权力之上，它深藏在帝王的内心，是一种属于上天的德行，执法的人倘能把慈悲调剂着公道，人间的权力就和上天的神力没有差别。所以，犹太人，虽然你所要求的是公道，可是请你想一想，要是真的按照公道执行起赏罚来，谁也没有死后得救的希望；我们既然祈祷着上天的慈悲，就应该按照祈祷的指点，自己做一些慈悲的事。我说了这一番话，为的是希望你能够从你的法律的立场上做几分让步；可是如果你坚持着原来的要求，那么威尼斯的法庭是执法无私的，只好把那商人宣判定罪了。

夏　洛　克　我自己做的事，我自己当！我只要求法律允许我照约执行处罚。

鲍 西 娅 他是不是无力偿还这笔借款？

巴萨尼奥 不，我愿意替他当庭还清；照原数加倍也可以；要是这样他还不满足，那么我愿意签署契约，还他十倍的数目，拿我的手、我的头、我的心做抵押；要是这样还不能使他满足，那就是存心害人，不顾天理了。请堂上运用权力，把法律稍为变通一下，犯一次小小的错误，干一件大大的功德，别让这个残忍的恶魔逞他杀人的邪恶的欲望。

鲍 西 娅 那可不行，在威尼斯谁也没有权力变更既成的法律；要是开了这一个恶例，以后谁都可以借口有例可援，什么坏事情都可以干了。这是不行的。

夏 洛 克 一个但尼尔来做法官了！真的是但尼尔再世！聪明的青年法官啊，我真佩服你！

鲍 西 娅 请你让我瞧一瞧那借约。

夏 洛 克 在这儿，可尊敬的博士，请看吧。

鲍 西 娅 夏洛克，他们愿意出三倍的钱还你呢。

夏 洛 克 不行，不行，我已经对天发过誓啦，难道我可以让我的灵魂背上毁誓的罪名吗？不，把整个的威尼斯给我，我都不能答应。

鲍 西 娅 好，那么就应该照约处罚；根据法律，这犹太人有权要求从这商人的胸口割下一磅肉来。还是慈悲一点，把三倍原数的钱拿去，让我撕了这张约吧。

夏洛克 等他按照约中所载条款受罚以后，再撕不迟。您瞧上去像是一个很好的法官；您懂得法律，您讲的话也很有道理，不愧是法律界的中流砥柱，所以现在我就用法律的名义，请您立刻进行宣判，凭着我的灵魂起誓，谁也不能用他的口舌改变我的决心。我现在单等着执行原约。

安东尼奥 我也诚心请求堂上从速宣判。

鲍西娅 好，那么就是这样：你必须准备让他的刀子刺进你的胸膛。

夏洛克 啊，尊严的法官！好一位优秀的青年！

鲍西娅 因为这约上所订定的惩罚，对于法律条文的含义并无抵触。

夏洛克 很对很对！啊，聪明正直的法官！想不到你瞧上去这样年轻，见识却这么老练！

鲍西娅 所以你应该把你的胸膛袒露出来。

夏洛克 对了，“他的胸部”，约上是这么说的；——不是吗，尊严的法官？——“靠近心口的所在”，约上写得明明白白的。

鲍西娅 不错，称肉的天平有没有预备好？

夏洛克 我已经带来了。

鲍 西 娅 夏洛克，去请一位外科医生来替他堵住伤口，费用归你负担，免得他流血而死。

夏 洛 克 约上有这样的规定吗？

鲍 西 娅 约上并没有这样的规定，可是那又有什么相干呢？肯做一件好事总是好的。

夏 洛 克 我找不到；约上没有这一条。

鲍 西 娅 商人，你还有什么话说吗？

安东尼奥 我没有话要说；我已经准备好了。把你的手给我，巴萨尼奥，再会吧！不要因为我为了你的缘故遭到这种结局而悲伤，因为命运对我已经特别照顾了：她往往让一个不幸的人在家产荡尽以后继续活下去，用他凹陷的眼睛和满是皱纹的额角去挨受贫困的暮年；这一种拖延时日的刑罚，她已经把我豁免了。替我向尊夫人致意，告诉她安东尼奥的结局；对她说我怎样爱你，又怎样从容就死；等到你把这一段故事讲完以后，再请她判断一句，巴萨尼奥是不是曾经有过一个真心爱他的朋友。不要因为你将要失去一个朋友而懊恨，替你还债的人是死而无怨的；只要那犹太人的刀刺得深一点，我就可以在一刹那的时间把那笔债完全还清。

巴萨尼奥 安东尼奥，我爱我的妻子，就像爱我自己的生命一样；可是我的生命、我的妻子以及整个的世界，在我的眼中都不比你的生命更为贵重；我愿意丧失一切，把它们献给这恶魔做牺牲，来救出你的生命。

鲍　西　娅　尊夫人要是就在这儿听见您说这样的话，恐怕不见得会感谢您吧。

葛莱西安诺　我有一个妻子，我可以发誓我是爱她的；可是我希望她马上归天，好去求告上天改变这恶狗一样的犹太人的心。

尼　莉　莎　幸亏尊驾在她的背后说这样的话，否则府上一定要吵得鸡犬不宁了。

夏　洛　克　这些人居然是这样的丈夫！我有一个女儿，我宁愿她嫁给强盗的子孙，不愿她嫁给这样一个人，别再浪费光阴了；请快些宣判吧。

鲍　西　娅　那商人身上的一磅肉是你的；法庭判给你，法律许可你。

夏　洛　克　公平正直的法官！

鲍　西　娅　你必须从他的胸前割下这磅肉来；法律许可你，法庭判给你。

夏　洛　克　博学多才的法官！判得好！来，预备！

鲍　西　娅　且慢，还有别的话哩。这约上并没有允许你取他的一滴血，只是写明着“一磅肉”；所以你可以照约拿一磅肉去，可是在割肉的时候，要是流下一滴血，你的土地财产，按照威尼斯的法律，就要全部充公。

葛莱西安诺 啊，公平正直的法官！听着，犹太人；啊，博学多才的法官！

夏　洛　克 法律上是这样说吗？

鲍　西　娅 你自己可以去查查明白。既然你要求公道，我就给你公道，而且比你所要求的更地道。

葛莱西安诺 啊，博学多才的法官！听着，犹太人；好一个博学多才的法官！

夏　洛　克 那么我愿意接受还款；照约上的数目三倍还我，放了那个人。

巴 萨 尼 奥 钱在这儿。

鲍　西　娅 别忙！这犹太人必须得到绝对的公道。别忙！他除了照约处罚以外，不能接受其他的赔偿。

葛莱西安诺 啊，犹太人！一个公平正直的法官，一个博学多才的法官！

鲍　西　娅 所以你准备着动手割肉吧。不准流一滴血，也不准割得超过或是不足一磅的重量；要是你割下来的肉，比一磅略微轻一点或是重一点，即使相差只有一丝一毫，或者仅仅一根汗毛之微，就要让你抵命，你的财产全部充公。

葛莱西安诺 一个再世的但尼尔，一个但尼尔，犹太人！现在你可掉在我的手里了，你这个家伙！

鲍　西　娅　　那犹太人为什么还不动手？

夏　洛　克　　把我的本钱还我，放我去吧。

巴萨尼奥　　钱我已经预备好在这儿，你拿去吧。

鲍　西　娅　　他已经当庭拒绝过了；我们现在只能给他公道，让他履行原约。

葛莱西安诺　　好一个但尼尔，一个再世的但尼尔！谢谢你，犹太人，你教会我说这句话。

夏　洛　克　　难道我单单拿回我的本钱都不成吗？

鲍　西　娅　　犹太人，除了冒着你自己生命的危险割下那一磅肉以外，你不能拿一个钱。

夏　洛　克　　好，那么魔鬼保佑他去享用吧！我不打这场官司了。

鲍　西　娅　　等一等，犹太人，法律上还有一点牵涉你。威尼斯的法律规定：凡是一个异邦人企图用直接或间接手段谋害任何公民，查明确有实据者，他的财产的半数应当归受害的一方所有，其余的半数没入公库，犯罪者的生命悉听公爵处置，他人不得过问。你现在刚巧陷入这一条法网，因为根据事实的发展，已经足以证明你确有运用直接或间接手段，危害被告生命的企图，所以你已经遭逢着我刚才所说起的那种危险了。快快跪下来，请公爵开恩吧。

葛莱西安诺　求公爵开恩，让你自己去寻死吧；可是你的财产现在充了公，一根绳子也买不起啦，所以还是要让公家破费把你吊死。

公　　爵　让你瞧瞧我们的精神，你虽然没有向我开口，我自动饶恕了你的死罪。你的财产一半划归安东尼奥，还有一半没入公库；要是你能够诚心悔过，也许还可以减处你一笔较轻的罚款。

鲍 西 娅　这是说没入公库的一部分，不是说划归安东尼奥的一部分。

夏 洛 克　不，把我的生命连着财产一起拿了去吧，我不要你们的宽恕。你们拿掉了支撑房子的柱子，就是拆了我的房子；你们夺去了我的养家活命的根本，就是活活要了我的命。

（朱生豪/译　有删改）

学习提示

外国文学的人物画廊中，有四个著名的吝啬鬼，他们是法国剧作家莫里哀笔下的阿巴贡，法国作家巴尔扎克笔下的葛朗台，俄国作家果戈理笔下的泼留希金，还有一位就是本文中的夏洛克。不妨与你的好朋友来一场角色扮演，在富有个性化的语言中，品味人物的性格特点。

1. 龙须沟（节选）

⊙老　舍

第二幕

第二场

时间　一九五〇年初夏。下午四时左右。

人物　二春　四嫂　大妈　娘子　疯子　狗子　二嘎　赵老

幕启　院中寂无一人，二春匆匆从外来，跑得气喘吁吁的。

二春　嗬！空城计！四嫂，二嘎子呢？

四嫂　（在屋中）他上学去啦！

二春　那怎么齐老师还到处找他呢？

四嫂　（出来）是吗？这孩子没上学，又上哪儿玩去啦！

二春　那我再到别处找找他去！（说完又跑出大门）

大妈　（出来）二春，你回来！

四嫂　（忙到门口喊住二春）二妹妹！你回来，大妈这儿还有事呢！

二春　（擦着汗走回来）回头二嘎子误了上学可怎么办呢？

四嫂　你放心吧，他准去，哪天他也没误过，这孩子近来念书，可真有个劲儿！我看看他上哪儿去了！就手儿去取点活。（下）

二春走到自己屋门口，拿过脸盆，擦脸上、脖子上的汗。

大妈　（板着面孔，由屋中出来）二春，我问你，你找他干吗？放着正经事不干，乱跑什么？这些日子，你简直东一头西一头地像掐了脑袋的苍蝇一样！

二春　谁说我没干正经事儿？我干的哪件不正经啊？该做的活儿一点儿也没耽误啊！

大妈　这么大的姑娘，满世界乱跑，我看不惯！

二春　年头儿改啦，老太太！我们年轻的不出去，事儿都交给谁办？您说！

大妈　甭拿这话堵搡我！反正我不能出去办！

二春　这不结啦！（转为和蔼地）我告诉您吧！人家中心小学的女教员，齐砚庄啊，在学校里教完一天的书，还来白教识字班。这还不算，学生们不来，她还亲自到家里找去。您多咱看见过这样的好人？刚才我送完了活儿，正遇上她挨家找学生，我可就说啦，您歇歇腿儿，我给您找学生去。都找到啦，就剩下二嘎子还没找着！

大妈　管他呢，一个蹬车家的孩子，念不念又怎样，还能中状元？

二春　妈，这是怎么说话呢？现而今，人人都一边儿高，拉车的儿子，才更应当念书，要不怎么叫穷人翻身呢？

大妈 像你这个焊铁活的姑娘，将来说不定还许嫁个大官儿呢！

二春 您心里光知道有官儿！老脑筋！我要结婚，就嫁个劳动英雄！

大妈 一张纸画个鼻子，好大的脸！说话哪像个还没有人家儿的大姑娘呀！

二春 没人家儿？别忙，我要结婚就快！

大妈 越说越不像话了！越学越野调无腔！

娘子由外面匆匆走来。

二春 娘子，看见二嘎子没有？

娘子 怎能没看见？他给我看摊子呢！

二春 给……这可倒好！我犄里旮旯都找到了，临完……不知道他得上学吗？

娘子 他没告诉我呀！

二春 这孩子！

大妈 他荒里荒唐的，看摊儿行吗？

娘子 现在，三岁的娃娃也行！该卖多少钱卖多少钱，言无二价。小偷儿什么的，差不离快断了根！（低声）听说，官面上正加紧儿捉拿黑旋风。一拿住他，晓市就全天下太平了，他不是土匪头子吗？哼，等拿到他，跟那个冯狗子，我要去报报仇！能打就打，能骂就骂，至不济也要对准了他们的脸，啐几口，呸！呸！呸！偷我的东西，还打了我的爷们！我说，我的那口子在家哪？

二春 在家吗？一声没出啊。

娘子　这几天，他又神神气气的，不知道又犯什么毛病！这个家伙，真叫我不放心！

程疯子慢慢地由屋中出来。

二春　疯哥，你在家哪？

疯子　有道是，在家千日好，出外一时难！

娘子　又是疯话！我问你，你这两天又怎么啦？

疯子　没怎么！

娘子　不能！你给我说！

疯子　说就说，别瞪眼！我就怕吵架！我呀，有了任务！

二春　疯哥，给你道喜！告诉我们，什么任务？

疯子　民教馆的同志找了我来，叫我给大家唱一段去！

二春　那太棒了！多少年你受屈含冤的，现在民教馆都请你去，你不是仿佛死了半截又活了吗？

娘子　对啦，疯子，你去！去！叫大家伙看看你！王大妈，二姑娘，有钱没有？借给我点！我得打扮打扮他，把他打扮得跟他当年一模一样的漂亮！

疯子　我可是去不了！

娘子　怎么？怎么？

疯子　我十几年没唱了，万一唱砸了，可怎么办呢？

娘子　你还没去呢，怎就知道会唱砸了？简直地给脸不要脸！

大妈　照我看哪，给钱就去，不给钱就不去。

二春　妈！您不说话，也没人把您当哑巴卖了！

疯子　还有，唱什么好呢？《翠屏山》？不像话，《拴娃娃》？

不文雅！

二春 咱们现编！等晚上，咱们开个小组会议，大家出主意，大家编！数来宝就行！

疯子 数来宝？

二春 谁都爱听！你又唱得好！

疯子 难办！难办！

四嫂夹着一包活计，跑进来。

四嫂 娘子，二妹妹，黑旋风拿住了！拿住了！

娘子 真的？在哪儿呢？

四嫂 我看见他了，有人押着他，往派出所走呢！

娘子 我啐他两口去！

二春 走，我们斗争他去！把这些年他所作所为都抖搂出来，叫他这个坏小子吃不了兜着走！

大妈 二春，我不准你去！

二春 他吃不了我，您放心！

娘子 疯子，你也来！

疯子 （摇头）我不去！

娘子 那么，你没叫他们打得顺嘴流血，脸肿了好几天吗？你怎这么没骨头！

疯子 我不去！我怕打架！我怕恶霸！

娘子 你简直不是这年头儿的人！二妹妹，咱们走！

二春 走！（同娘子匆匆跑去）

大妈 二春！你离黑旋风远着点！这个丫头，真疯得不像话啦！

四嫂　大妈，别再老八板儿啦。这年月呀，女人尊贵啦，跟男人一样可以走南闯北的。您看，自从转过年来，这溜儿女孩子们，跟男小孩一个样，都白种花儿，白打药针，也都上了学。唉，要是小妞子还活着……

疯子　那该多么好呢！

四嫂　她太……（低头疾走入室）

大妈　唉！（也往屋中走）

疯子　（独自徘徊）天下是变了，变了！你的人欺负我，打我，现在你也掉下去了！穷人、老实人、受委屈的人，都抬起头来；你们恶霸可头朝下！哼，你下狱，我上民教馆开会！变了，天下变了！必得去，必得去唱！一个人唱，叫大家喜欢，多么好呢！

狗子偷偷探头，见院中没人，轻轻地进来。

狗子　（低声地）疯哥！疯哥！

疯子　谁？啊，是你！又来打我？打吧！我不跑，也不躲！我可也不怕你！你打，我不还手，心里记着你；这就叫结仇！仇结大了，打人的会有吃亏的那一天！打吧！

四嫂　（从屋中出来）谁？噢！是你！（向狗子）你还敢出来欺负人？好大的胆子！黑旋风掉下去了，你不能不知道吧？好！瞧你敢动他一下，我不把你碎在这儿！

狗子　（很窘，笑嘻嘻地）谁说我是来打人的呀！

四嫂　谅你也不敢！那么是来抢？你抢抢试试！

狗子　我已经受管制，两个多月没干“活儿”了！

四嫂 你那也叫“活儿”？别不要脸啦！

狗子 我正在学好！不敢再胡闹！

四嫂 你也知道怕呀！

狗子 赵大爷给我出的主意：叫我到派出所去坦白，要不然我永远是个黑人。坦白以后，学习几个月，出来哪怕是蹬三轮去呢，我就能挣饭吃了。

四嫂 你看不起蹬三轮的是不是？反正蹬三轮的不偷不抢，比你强得多！我的那口子就干那个！

狗子 我说走嘴啦！您多担待！（赔礼）赵大爷说了，我要真心改邪归正，得先来对程大哥赔“不是”，我打过他。赵大爷说了，我有这点诚心呢，他就帮我的忙；不然，他不管我的事！

四嫂 疯哥，别光叫他赔不是，你也照样儿给他一顿嘴巴！一报还一报，顶合适！

狗子 这位大嫂，疯哥不说话，您干吗直给我加盐儿呢！赵大爷大仁大义，赵大爷说新政府也大仁大义，所以我才敢来。得啦，您也高高手儿吧！

四嫂 当初你怎么不大仁大义，伸手就揍人呢？

狗子 当初，那不是我揍的他。

四嫂 不是你？是畜生？

狗子 那是我狗仗人势，借着黑旋风发威。谁也不是天生来就坏！我打过人，可没杀过人。

四嫂 倒仿佛你是天生来的好人！要不是而今黑旋风玩完了，你也不会说这么甜甘的话！

疯子 四嫂，叫他走吧！赵大爷不会出坏主意，再说我也不会打人！

四嫂 那不太便宜了他？

疯子 狗子，你去吧！

四嫂 （拦住狗子）你是说了一声“对不起”，还是说了声“包涵”哪？这就算赔不是了啊？

狗子 不瞒您说，这还是头一次服软儿！

四嫂 你还不服气？

狗子 我服！我服！赵大爷告诉我了，从此我的手得去做活儿，不能再打人了！疯哥，咱们以后还要成为朋友呢，我这儿给您赔不是了！（一揖，搭讪着往外走）

疯子 回来！你伸出手来，我看看！（看手）啊！你的也是人手，这我就放心了！去吧！

狗子下。

四嫂 唉，疯哥，真有你的，你可真老实！

疯子 打人的已经不敢再打，我怎么倒去学打人呢！（入室）

二嘎子飞跑进来。

二嘎 妈！妈！来了！他们来了！

四嫂 谁来了？没头没脑儿的！

大妈 （在屋中）二嘎，二春满世界找你，叫你上学，你怎么还不去呀？

二嘎 我这就去，等我先说完了！妈，刚打这儿过去，扛着小红旗子，跟一节红一节白的长杆子，还有像照相匣子的那么个玩意儿。

大妈 （出来）到底是干什么的呀？这么大惊小怪的！

二嘎 街上的人说，那是什么量队，给咱们量地。

四嫂 量地干什么呢？

大妈 不是跑马占地吧？

二嘎 跑马占地是怎回事？

大妈 一换朝代呀，王爷、大臣、皇上的亲军就强占些地亩，好收粮收租，盖营房；咱们这儿原本是蓝旗营房啊！

四嫂 可是，大妈，咱们现在没有王爷，也没有大臣。

大妈 甭管有没有，反正名儿不一样，骨子里头都差不了多少！

四嫂 大妈，自从有新政府，咱们穷人还没吃过亏呀！

大妈 你说得对！可那也许是先给咱们个甜头尝尝啊！我比你多吃过几年窝窝头，我知道。当初，日本人，哟，现在说日本人不要紧哪？

四嫂 您说吧，有错儿我兜着！

大妈 你就是“王大胆”嘛！他们在这儿，不是先给孩子们糖吃，然后才真刀真枪地一杀杀一大片？后来日本人走了，紧跟着就闹接收。一上来说的也怪受听，什么捉拿汉奸伍的；好，还没三天半，汉奸又做上官了；咱们穷人还是头朝下！

四嫂　这回可不能那样吧？您看，恶霸都逮去了，咱们挣钱也容易啦，您难道不知道？

二嘎　妈，甭听王奶奶的！王奶奶是个老顽固！

四嫂　胡说，你知道什么？上学去！

二嘎　可真去了，别说我逃学！（下）

大妈　这孩子！（匆匆入室）

赵老高高兴兴地进来。

四嫂　赵大爷，冯狗子来过了，给疯哥赔了不是。您看，他能改邪归正吗？

赵老　真霸道的，咱们不轻易放过去；不太坏的，像冯狗子，咱们给他一条活路。我这对老眼睛不昏不花，看得出来。四奶奶，再告诉你个喜信！

四嫂　什么喜信啊？

赵老　测量队到了，给咱们看地势，好修沟！

四嫂　修沟？修咱们的龙须沟？

赵老　就是！修这条从来没人管的臭沟！

四嫂　赵大爷，我，我磕个响头！（跪下，磕了个头）

疯子　（开了屋门）什么？赵大爷！真修沟？您圣明，自从一解放，您就说准得修沟，您猜对了！

二春　（由外边跑来）妈！妈！我没看见黑旋风，他们把他圈起去啦。我可是看见了测量队，要修沟啦！

大妈　（开开屋门）我还是有点不信！

二春 为什么呢？

大妈 还没要钱哪，不言不语地就来修沟？没有那么便宜的事！

赵老 （对疯子）疯哥，你信不信？

疯子 不管王大妈怎样，我信！

赵老 （问四嫂）你说呢？

四嫂 我已经磕了头！

二春 这太棒了！想想看，没了臭水，没了臭味，没了苍蝇，没了蚊子，噢，太棒了！赵大爷，恶霸没了，又这么一修沟，咱们这儿还不快变成东安市场？从此，谁敢再说政府半句坏话，我就掰下他的脑袋来！

赵老 （问大妈）老太太，您说呢？

大妈 我？（不好意思地笑了笑）大家伙儿怎说，我怎么说吧！

二春 咱们站在这儿干什么？还不扭一回哪？（领头扭秧歌）呛，呛，起呛起！

众人 （除了大妈）呛，呛，起呛起！（都扭）

疯子 站住！我想起来啦！我一定到民教馆去唱，唱《修龙须沟》！

2. 蔡文姬（节选）

⊙郭沫若

第一幕

左贤王的穹庐、仲春的早晨。

穹庐设在舞台一侧，门外张彩棚，下敷地毯，设各种必要用具。四周有障屏竖立，间隔成一区域，当隅处每有缺口，与外通。背景可适当布置胡中景物。时闻马嘶声。

蔡文姬，胡装。独自一人在彩棚下徘徊，形容憔悴。一时高兴，一时又有愁思不决之状。忽然又站立着，凝视着远方，似在酝酿诗意。事实上她已三天三夜不睡觉。在失眠中，她的《胡笳十八拍》已经做到第十二拍了。

侍女四人，一人抱胡女，一人抱琴。其他二人捧盘。后台合唱（音乐伴奏）（《胡笳诗》中的“兮”字古本读呵音，故一律改为呵字）：

东风应律呵暖气多，

知是汉家天子呵布阳和。
羌胡蹈舞呵共讴歌，
两国交欢呵罢兵戈。
忽逢汉使呵称近诏，
遣千金呵赎妾身。
喜得生还呵逢圣君，
嗟别二子呵会无因。
十有二拍呵哀乐均，
去住两情呵难具陈。

蔡文姬 怎么办呢？到底是回去，还是不回去？

胡儿伊屠知牙师，佩弓，腰悬箭束，自穹庐对侧跑出。

胡　儿 妈！（向文姬跑去）

蔡文姬 （停步）呵，伊屠知牙师，你一早到什么地方去来？

胡　儿 我去打兔子来，我听见好些人在说，妈，你就要回汉朝去了，是真的吗？

蔡文姬迟疑，叹气，掩泪……

胡　儿 （拥抱其母）妈，你在哭吗？你为什么要哭呢？回汉朝去不是好事吗？你不是经常说，要带我们回去吗？我是很高兴的啦！

蔡文姬 （索性哭出声来了）伊屠知牙师！我的儿！（抚抱胡儿，泣不成声。有一会儿，才哽咽着说）娘这几天一直没有告诉你。汉朝的曹丞相派遣了专使来，要把娘接回去，送来了很多的黄金玉器、锦缎绫罗。单于呼厨泉大人已经答应了。我已经考虑了三天，今天已经是第四天了，娘就要做最后的决定啦。

胡　儿　妈，你还没有决定吗？你决定了吧，带我们一道回去，把爹爹，把四姨婆也一道带回去！

蔡文姬　娘是很想回去的。我告诉过你“狐死首丘”的故事，一个人到死都是怀念自己的乡土的。你外公、外婆的坟墓在长安，娘只是十二年前，在来匈奴的途中，去扫过一次。娘也很想回去扫墓。特别是你外公有不少的著作，经过战乱遗失了，回去我想总也可以收集得一些。娘十二年来都这样想，可是总得不到回去的机会。现在机会来了，娘当然是喜出望外的！

胡　儿　那么，你为什么不赶快做出决定，把我们一道带回去呢？我多么想去看看万里长城，看看黄河，看看长江，看看东岳泰山啊！

蔡文姬　（悲抑）儿呀，你不知道。娘为这事已经三天三夜没有睡觉了。

胡　儿　哦，难怪你这两天瘦了，我看你饭也不想吃。妈，你是生了病吗，妈？

蔡文姬　（摇头）我啊，我比生病还要难过。（徐缓地）能够回去，我是很高兴的。十二年来，我认为无望的希望竟公然达到了。但是，儿啊，娘要回去……（欲言又止，终于决绝地说出）却又不得不丢掉你们！

胡　儿　（惊愕）怎么？妈，你说什么？

蔡文姬　（悲痛）娘要回去，就不能不留你们在这儿，留下你和你的妹妹。

胡　儿　那怎么行呢？妈，难道你不要我们了吗？

蔡文姬　不，不是！是你父亲不放你们走，他甚至于不想让我走。

胡　儿　那怎么行呢？我要和爹爹闹。

蔡文姬　我已经和你爹爹谈了三天了。我说，儿女让我带回去，没有母亲的儿女是很可怜的。他说，不行，你是汉人，我可以让步，让你走；儿女是匈奴人，我不能让步，你不能带走。

胡　儿　（愤愤然，又含着眼泪地）爹爹这样不讲道理吗？匈奴人和汉人不是一家人？

蔡文姬　儿啊，你还小。你爹爹是爱你们的，他不放你们走，你也不能怪他。

胡　儿　哼！我是妈妈的儿，那我要跟着妈妈！我要跟着妈妈！……

赵四娘抱着胡女由穹庐中走出。

胡　儿　（回头向赵四娘纠缠）四姨婆，你知道吗？妈妈要回汉朝去了，爹爹不让我们一道去！

赵四娘　你也知道了吗？你妈和我这几天正为这件事伤心啦。

胡　儿　四姨婆是不是也要回去呢？

赵四娘　我吗，我是想回去的。伊屠知牙师呀，你长大了就会知道。一个人谁也要思念自己的故土。……但是，我已经想了三天，昨天晚上我同你妈妈讲明白了，我要留下来。我留下来照顾你们兄妹俩，让你们的妈妈好安心地回去。

胡儿放声大哭，叫嚷着要跟妈妈一道回去。文姬、赵四娘也眼泪涔涔。

蔡文姬 四姨娘，我，我，我不想回去了。我们一道都留在这儿。

赵四娘 （苦笑）那，那，那你就太溺爱了！文姬！你应该安心回去。你的儿女，由我在这儿抚养，我保管把他们抚养成人，并且要教他们学好。有我在这儿，你安心，就和你自己在这儿是一样。

胡　儿 我要跟着妈回去，四姨婆你也一同回去！（啰唣）

赵四娘 这是没办法的，你爹爹左贤王执意不肯让你们走。他甚至还这样说，如果要把你们带走，连你妈妈他也要让她活不下去！

胡　儿 什么，他要杀妈妈？

赵四娘 他是那样说的。他说，你妈妈是汉人，一定要走，他没有办法；你们是匈奴人，断然不能带走。如果把你们带走，那他就要把你们统统杀掉！

胡　儿 （愤恨）什么，他要把我们统统杀掉！哼！我要去和他闹！（作势欲下）

蔡文姬　（一手挽住他）伊屠知牙师，你不能那样，你怎能和你爹爹闹呢？他不肯放你们走，也是由于爱你们。他虽然那样说，但他对我们是好心好意的。

胡　儿　那么，他为什么不让我们回去呢？

蔡文姬　你还小，你还不懂，你爹也上年纪了。他说过，如果让你们也走，他会活不下去。

胡　儿　我们劝他一道走嘛！

蔡文姬　（不禁苦笑）不行的，那是办不到的事呀！

赵四娘　（插话）伊屠知牙师，你要知道，就跟你妈妈想回汉朝一样，你爹爹是不想离开匈奴。这是一样的道理。

胡　儿　四姨婆，那你为什么不回去？

赵四娘　我不是说过了吗？我是爱你们，也是爱你们的妈妈。我要让你们妈妈把我爱故乡的情感承担回去，我要让我自己把你们妈妈爱儿女的情感承担下来。我是孤孤单单的一个人，年纪已经大了，我如果能够把你们抚养成人，在我就心满意足了。

蔡文姬　四姨娘，二十年来我们形影不相离，你比我亲生的母亲还要疼我，我怎么能够再把做母亲的责任加在你的身上？唉！我回去又能够做些什么呢？

赵四娘　（含谴责意）你总爱那样说！以你的才华，能做的事情多着呢！你难道还不相信我吗？啊，我告诉你，我虽然已经六十岁，但我至少还想再活十五年，我一定要把你的儿女抚养成人，由他们的一代，来代替他们父亲的一代，一定要看到匈奴和汉朝真正成为一家。

左贤王带胡兵四人匆匆上。

左贤王 （愤愤然）你们在胡闹些什么？胆大包天！什么叫匈奴和汉朝成为一家？哼！

赵四娘 哎，你们这一家人不就是这样的吗？

左贤王 哼！你说得好听！你难道没有看见吗？我这一家人看看就要四分五裂了。（向文姬）文姬，孩子们的妈！今天是第四天了。呼厨泉单于正在给汉朝来的人饯行，今天就动身！

蔡文姬 什么？今天就走吗？

左贤王 是啊，汉朝来的人说，他们受了曹丞相的命令，要在五月以前赶回。在路上还要走两个来月呢。

蔡文姬 汉朝派来的人到底姓甚名谁，我问过你好几次，你都没有弄明白。

左贤王 他们的姓名谁弄得清啊，简单得太不成话！我只记得一个是什么“东师”都尉（董祀），一个是什么“将军”司马（周近）。这些官名我知道，看来他们都是带兵官。那位“东师”都尉倒还和气，那位“将军”司马，却是盛气凌人，全不把人看在眼里，他刚才还私下对我说：“你要不把蔡文姬送回汉朝，曹丞相的大兵一到，立即把你们匈奴荡平！”他这气焰我可受不了。我想，他们一定还有大兵在后，这是他们先来试探我们的。我不是对你说过，这是他们惯用的手法？这就叫作“先礼后兵”。如果我不答应你回去，那就会大兵压境，我们南匈奴，就要弄得和北匈奴、三郡乌桓一样了！孩子们的妈，我是不想让你走的，你叫我怎么办呢？啊，我恨不得把自己剖成两半！

蔡文姬 请你不要那么想吧！我告诉你，我也是不愿意离开你。我把儿女丢下，你叫我怎么能够忍心呢？如果你能让我带走一个……

左贤王 不行！半个也不行！我这几天都快要发疯了。你要走，我不敢阻拦你。四姨娘你也可以带走。除此之外，谁也不准带走！不然，我要杀人！我要把我全家杀尽！

赵四娘 左贤王，请你息怒吧！我已经下了决心：我愿意留下来替文姬抚养儿女，让她一个人回去。

胡儿抱母身，放声痛哭。

胡　儿 我要和妈妈一道走，我要和妈妈一道走……

单元学习任务

任务一

没有戏剧冲突就没有戏剧，戏剧冲突是戏剧的灵魂，是戏剧表现人物和主题的关键，是社会生活中矛盾的集中反映。戏剧冲突有以下显著特点：矛盾尖锐激烈，展示人物性格，反映生活本质。请选择本单元“组文阅读”中的两篇戏剧作品，从戏剧冲突的特点中，任选一个作为标准，制作戏剧排行榜，并说明理由。

戏剧排行榜

	戏剧名称	上榜理由
1		
2		

任务二

学校要开展“戏剧进校园”活动，为了号召同学们积极参与，请你为此拟写一条宣传标语，突出戏剧的特点。

任务三

戏剧在紧张激烈的冲突中，塑造了众多鲜明的人物形象，如安东尼奥、夏洛克、鲍西娅、疯子、二春等。如果你认为某位同学适合出演其中一个角色，可是他不想演，你要怎么说服他呢？

演出体验

戏剧由演员、故事（情境）、舞台（表演场地）、观众四个元素组成。其中，演员是至关重要的元素，他们是角色的代言人，必须具备表演的能力。通过演员的扮演，剧本中的角色才能得以鲜明地展现。你是不是也很想登上舞台，展现自己的风采，赢得观众的掌声呢？你是否曾经登上舞台扮演过自己喜欢的角色？你在排练过程中有什么体验？表演结束后，就自己的收获写一篇戏剧评论或心得吧。

1. 那一场戏剧表演绚烂了我的年华

⊙丁钰靖

一场大戏，终究落幕，纵然不舍，又能奈何？闭眼，回忆，往事如烟；定格，播放，此生难忘。繁华一刻终成空忆，奈何心中思绪良多，落笔，有感而抒。

一切，都恍若发生在昨天。无法忘记的，铭刻心底的，是身为演员的我们。忘不了，我们很早起床，很晚睡觉，日复一日，只为吃透剧本，背熟台词；忘不了，我们每个人顶着黑眼圈，一次又一次地排练，去诠释每个人物的内心世界，力求完美；忘不了，我们排练时的争执，面红耳赤的样子……那一幕幕镌刻着少年独有的热情和活力。为了更好地完成表演，我们各抒己见，一同讨论，只为表演时呈现更好的效果。依稀还记得上台前我们的紧张忐忑，轻抿的唇、紧握的拳、手掌渗出的细小汗珠……一切又都彰显着少年的青涩。但站在台上的那一刻，我们的目光格外坚定，我们用自己略显稚嫩的演技去演绎不属于我们的故事。末了，掌声不绝，努力终未白费，演出完美落幕。我知道，努力过后，定有最美的风景。

褪去一身破旧的衣衫，我不再是戏中的于勒，而是席上的观众。我看到范进痴迷科举的身影，笑看他的疯疯癫癫，也更加痛恨那黑暗的科举制度；我看到闰土的无奈妥协，笑那杨二嫂的市侩泼皮，也更加痛恨那吃人的封建制度；我看到杨志与晁盖等七人的斗智斗勇，笑那杨志等人终究不敌，最痛恨的却是那昏庸无能的官府……一出出，一幕幕，我看着昔日的同学们在台上演绎着一个又一个形象，而我作为观众也跟随着他们去感受一个又一个故事，愈加理解一个又一个人物，不知不觉间，竟收获良多。

当幕布缓缓拉上，一切都已结束，我良久无言。人生如戏，戏如人生，蓦然想起庄周梦蝶。台上，我们扮演着一个又一个人物，那时的我们，是演员；台下，我们欣赏着一幕又一幕表演，那时的我们，是观众；走出剧场，回归生活中，那时的我们，又是学生。那我们究竟是什么？或许我们自己都无法解释。也许有人会说，我们是学生，这是最真实的生活。可有时生活便是一场大戏，我们便是幕上的演员，演绎着不一样的人生，谁是谁非又如何能清？一曲一歌，一醉一醒，一梦一生，也许人生就是如此而已。

春花，夏蝉，秋叶，冬雪，一年已逝。犹记一年前，一个故事，一群演员，一场戏。如今，再重温，只是欣慰。那一场课本剧见证了我的成长，我的成熟，见证了我们的努力，我们的团结。我们终是不负韶华，相信自己期待的明天也定会如期而至。

（学生习作）

2. 以梦为马，不负韶华

⊙奚美佳

时光悠悠，岁月老人缓缓走过，寂静深处，氤氲着的风尘岁月如美酒般醇香，又如鲜花般热烈，于无声处宛若惊雷绽放。那场戏也如一道惊鸿，使我的内心久久不能平复。

傍晚时分，我缓缓走在街上，远处的天边飘浮着几片云彩，夕阳璀璨的余晖给天边镀上一层金边。我双手紧握台词，一遍又一遍地重复。我一直仰慕刘备，没想到有朝一日可以饰演一身正气的他。我挺直腰身，模仿着玄德的举止姿态，学着玄德的谈吐，好似要把那台词吞入腹中：我幻想自己就是刘备，是手握利剑、武艺高强的战士；是生性善良、爱民如子的君主；是折而不挠、败而不馁的刘玄德……但我认为自己与玄德的气质有所差异，便三番五次地在镜前练习，将自己融入这个角色。我感受到他三顾茅庐时的执着真诚，体会到他邀诸葛亮出山后的欣喜若狂，也明白了他真实的内心世界。因此，在练习时，我从来不肯放弃，忘记台词便一遍又一遍背诵。当一切尘埃落定，那些被风湮灭的光影便消逝在岁月中，接受注定的雨落飞花。

那天，在台上，在无数双眼睛的注视下，我放开自己，展现了刘备的王者风范。那一刻，我没有紧张，仿佛我就是三顾茅庐的刘备，用我稚嫩的演技演绎那一段故事。待台下掌声雷鸣，我长舒一口气。虽不及专业演员演绎得逼真，但我却是用心在感受刘备的故事。褪去他华丽的服饰，我与刘备的缘分便到此为止了。往日的情怀，邂逅了光阴的重逢。或许有一天，我在一轮明月下读着一首写给你的诗，清风徐来时，你是否听到我呢喃的心语？

坐在观众席，我不再是说书人，而是那听书人。看台上绽放的光彩：看范进痴迷科举后的不省人事，便笑他怎会如此沉沦；看杨志与晁盖等七人斗智斗勇，便想那杨志是智商非凡，但终究人外有人；看杨二嫂今非昔比的姿态样貌，更慨叹她怎能变得如此不堪……看那一幕幕戏，看那一个个演员，看那一个个故事，品味其中的酸甜，那种真实让我忘却了练习时的痛苦，只剩满心欢喜和心中的古今长叹。

戏罢，望着空空的舞台，突然想到这繁华人世、芸芸众生间，我们皆不过为宇宙中的沧海一粟。尽管渺小也要绽放，哪怕只有星星点点的光芒。纵然世间纷纷扰扰难以平息，也要有勇气踏过泥泞曲折，仰望星空。

无论是人生如戏，还是戏如人生，我坚信“宝剑锋从磨砺出，梅花香自苦寒来”。念念不忘，必有回响，让我们坚守初心，以梦为马，不负韶华。

（学生习作）

战争策略

在烽烟频起的战争年代，要想取得战争的胜利，不仅仅要依靠“天时”“地利”，更要依靠“人和”。在很大程度上，人心的向背决定着战争的成败。战争的胜利与军事家博大的胸襟、机智的谋略和统治者对人才的重视等也密不可分。

阅读本单元文章，你将领略到军事家的谋略、政治家的眼界、思想家的胸襟。同时，还需体会对比与衬托手法的运用，学会运用细节描写刻画人物形象，在品文过程中有所思、有所悟、有所获。

1. 子鱼论战

⊙《左传》

楚人伐宋以救郑。宋公[①]将战，大司马固[②]谏曰："天之弃商[③]久矣。君将兴之，弗可赦也已。"弗听。

及楚人战于泓[④]。宋人既成列，楚人未既济[⑤]。司马曰："彼众我寡，及其未既济也，请击之。"公曰："不可。"既济而未成列，又以告。公曰："未可。"既陈[⑥]而后击之，宋师败绩。公伤股，门官歼焉。

国人皆咎公。公曰："君子不重伤[⑦]，不禽[⑧]二毛[⑨]。古之为

---

① 宋公：宋襄公。

② 大司马固：公孙固，字子鱼。大司马，指掌管军政、军赋的官员。

③ 商：指宋。宋是商的后代，商已被周所灭，故有此言。

④ 泓：泓水，在今河南柘（zhè）城县西北。

⑤ 济：渡河。

⑥ 陈：通"阵"，这里作动词，摆好阵势。

⑦ 重（chóng）伤：再次伤害已受伤的人。

⑧ 禽：通"擒"。

⑨ 二毛：头发花白的人。

军也，不以阻隘也。寡人虽亡国之余[①]，不鼓不成列。”

子鱼曰：“君未知战。勍[②]敌之人，隘[③]而不列，天赞我也。阻而鼓之，不亦可乎？犹有惧焉[④]！且今之勍者，皆吾敌也。虽及胡耇[⑤]，获则取之，何有于二毛？明耻，教战，求杀敌也。伤未及死，如何勿重？若爱[⑥]重伤，则如勿伤；爱其二毛，则如服焉。三军以利用也，金鼓以声气也。利而用之，阻隘可也；声盛致志[⑦]，鼓儳[⑧]可也。”

译文

楚国人攻打宋国来救援郑国。宋襄公准备迎战，大司马公孙固谏阻说：“上天抛弃殷商已经很久了。您想要复兴殷商王朝，恐怕上天不会宽赦您的。”宋襄公不听。

宋襄公率军和楚国军队在泓水开战。宋国军队已经布好阵形，楚国军队还没有完全渡过河来。大司马说：“敌人众多而我们人少，趁他们还没有完全渡河，请下令攻击他们。”襄公说：“不可以。”等到楚军完全过了河但还没有列好阵形，大司马又请求进攻。襄公还说：“不可以。”等到楚军完全列好阵形后才开始进攻，宋国军队战败。襄公伤了大腿，卫队被歼灭。

① 亡国之余：亡国者的后代。
② 勍（qíng）：强而有力。
③ 隘：这里作动词，处于险隘之地。
④ 犹有惧焉：还怕不能取胜。
⑤ 胡耇（gǒu）：年纪很大的人。
⑥ 爱：怜惜。
⑦ 声盛致志：鼓声大作致使士气高昂。
⑧ 鼓儳（chán）：鸣鼓而进攻队伍混乱的敌人。儳，杂乱不整齐。这里指队伍混乱的敌军。

宋国的人都责怪襄公。襄公说："君子在战争中不伤害已经受伤的人，不擒获头发花白的人。古代指挥军事的人，不凭借地势险要来战胜敌人。我们虽然是已灭亡的国家的后代，但也不进攻还没有列好阵形的敌军。"

子鱼说："您不明白战争的道理。强大而有战斗力的敌人，因地形不利而没有列好阵形，这是上天在帮助我们。敌人受阻被困向他们进攻，不也可以吗？就这样还怕不能取胜呢！况且如今在战场上，强大而能战斗的人，都是我们的敌人。即使碰到老人，能俘获就抓回来，管什么头发是否花白！平常训练士兵明白什么是耻辱，教育士兵们要英勇作战，为的就是能够杀敌。敌人受伤还没有死，为什么不能再杀他们？如果可怜而不忍心再杀他们，就不如起初就不杀他们。如果可怜头发花白的人，就干脆服输而不要打仗。军队就是要利用有利的战机，鸣金击鼓就是鼓舞士气的。有利的战机要会运用，即使是进攻遇到险阻的敌人也是可以的；击鼓是鼓舞官兵士气，即使是鸣鼓而进攻队伍混乱的敌人，也是可以的。"

学习提示

春秋之际，战争频发，《左传》对战争的记叙尤其令人称道。它善于通过侧面描写烘托战场氛围，不闻刀剑之声，却如亲历沙场，扣人心弦，且善于刻画人物，重视记录辞令。借助文中注释、工具书和文后翻译，初步了解文意，注意"济""股""禽"等文言词语的含义。和同学合作朗读，尝试通过人物语气和说辞来品读人物形象。

2. 烛之武退秦师

⊙《左传》

晋侯、秦伯围郑，以[①]其无礼于晋，且贰于楚[②]也。晋军函陵，秦军氾南[③]。

佚之狐言于郑伯曰："国危矣，若使烛之武见秦君，师必退。"公从之。辞曰："臣之壮也，犹不如人；今老矣，无能为也已。"公曰："吾不能早用子，今急而求子，是寡人之过也。然郑亡，子亦有不利焉。"许之。

夜缒[④]而出，见秦伯，曰："秦、晋围郑，郑既知亡矣。若亡郑而有益于君，敢以烦执事。越国以鄙远，君知其难也。焉用亡郑以陪[⑤]邻？邻之厚[⑥]，君之薄[⑦]也。若舍郑以为东道主，

---

① 以：因为。

② 贰于楚：对晋有二心，而同楚亲近。

③ 氾（fán）南：氾水的南面，也属郑地。

④ 缒（zhuì）：用绳子拴着人（或物）从上往下送。

⑤ 陪：增加。

⑥ 厚：这里指实力增强。

⑦ 薄：这里指实力削弱。

行李[1]之往来，共其乏困，君亦无所害。且君尝为晋君赐矣，许君焦、瑕，朝济而夕设版焉，君之所知也。夫晋，何厌[2]之有？既东封郑，又欲肆其西封，若不阙[3]秦，将焉取之？阙秦以利晋，唯君图之。”秦伯说[4]，与郑人盟。使杞子、逢孙、杨孙戍之，乃还。

子犯请击之，公曰：“不可。微[5]夫人之力不及此。因人之力而敝之，不仁；失其所与，不知[6]；以乱易整，不武。吾其还也。”亦去之。

译 文

晋文公、秦穆公联合围攻郑国。因为郑国曾经对晋国无礼，而且亲近楚国。晋军驻扎在函陵，秦军驻扎在氾水南面。

佚之狐对郑文公说：“国家很危险了！如果您能派烛之武去见秦国国君，敌军一定会撤退。”郑文公听从了他的建议，去请烛之武。可是烛之武却推辞说：“我壮年的时候，尚且比不上别人；现在已经年老了，更不能有所作为了。”郑文公说：“我没有早点重用您，如今到了危急关头才来求您，这是我的过失。然而如果郑国灭亡了，对您也没有益处啊！”烛之武便答应了。

夜里，烛之武让人用绳子把他拴着从城楼上放下去，他见到了秦穆公，说：“秦、晋两国合攻郑国，郑国已经知道自己要灭亡了。如果消灭郑国对您有好处，怎敢拿这件事情来麻烦您。然而，越过别国而把远方的土地作为边境，您肯定知道这是很难的。那么，为什么要消灭郑国来增强邻国的实力呢？邻国的

---

① 行李：使者。

② 厌：满足。

③ 阙：侵损，削减。

④ 说：通“悦”，高兴。

⑤ 微：没有。用来表示一种否定的假设或条件。

⑥ 知：通“智”，明智。

实力雄厚了，相对而言，您的实力就削弱了。如果放弃围攻郑国，把它作为东方道路上（招待过客）的主人，秦国的使者往来经过，郑国可以为他们提供衣食住行所需，这对您没有什么不好啊。况且，您曾经对晋惠公有恩惠，晋惠公答应把焦、瑕两地给秦国，哪知他早上刚渡过黄河，晚上就修筑防御工事了，这您是知道的。晋国哪有满足的时候？它把郑国作为东面的疆土之后，必然又要极力扩张西面的疆土。如果不来损害秦国，它到哪里去扩张土地呢？损害秦国而使晋国得到好处，还望您好好考虑一下这件事。”秦穆公听完很高兴，决定与郑国结盟，派杞子、逢孙、杨孙驻守郑国，自己便领兵回去了。

晋国大夫子犯请求晋文公对秦军发起攻击，晋文公说：“不行！要不是靠秦国国君的力量，我们就没有今天。依靠别人帮忙却反过来伤害他，这是不仁义的；失去同盟国，这是不明智的；用散乱代替整齐，这是不符合武德的。我们还是回去吧。”于是，晋君也撤离了郑国。

学习提示

“百战百胜，非善之善者也；不战而屈人之兵，善之善者也。”战争的最高境界就是不用一兵一卒，就能使敌人降服退兵。烛之武就是这样的人，他临危受命，不惧险阻，善用矛盾分化敌人，化险为夷，真乃“一夫敌百万之师”。

反复诵读文章，感受古人高超的说话艺术，理解其中蕴含的智慧。

1. 公　输[1]

⊙《墨子》

公输盘为楚造云梯之械，成，将以攻宋[2]。子墨子闻之，起于鲁，行十日十夜而至于郢，见公输盘。公输盘曰："夫子何命焉为[3]？"子墨子曰："北方有侮臣者，愿借子杀之[4]。"公输盘不说[5]。子墨子曰："请献十金[6]。"公输盘曰："吾义固不杀人。"子墨子起，再拜[7]，曰："请说之[8]。吾从北方闻子为梯，将以攻宋。宋何罪之有[9]？荆国有余于地而不足于民，杀所不足而争所有

① 公输：公输盘，鲁国人，又写作"公输般"或"公输班"，能造奇巧的器械，民间称他鲁班。

② 将以攻宋：准备用来攻打宋国。将，准备。以，用来。

③ 何命焉为：有什么见教呢？命，教导，告诫。焉、为，都是表达疑问语气的句末助词。

④ 愿借子杀之：希望借助您去杀了他。愿，希望。

⑤ 说：通"悦"，高兴，愉快。

⑥ 请献十金：请允许我奉送（给您）十金。请，相当于现在的"请允许我"。金，货币单位，秦代以黄金二十两为一金。

⑦ 再拜：拜了两次。再，两次。

⑧ 请说之：请允许我说说这件事。

⑨ 何罪之有："有何罪"，有什么罪呢？之，宾语前置的标志。

余，不可谓智。宋无罪而攻之，不可谓仁。知而不争[①]，不可谓忠。争而不得，不可谓强。义不杀少而杀众，不可谓知类。”公输盘服。子墨子曰：“然，胡不已乎？”公输盘曰：“不可，吾既已言之王矣。”子墨子曰：“胡不见我于王？”公输盘曰：“诺。”

子墨子见王，曰：“今有人于此，舍其文轩[②]，邻有敝舆[③]而欲窃之；舍其锦绣，邻有短褐[④]而欲窃之；舍其粱肉[⑤]，邻有糠糟而欲窃之——此为何若人？”王曰：“必为有窃疾矣。”子墨子曰：“荆之地方五千里，宋之地方五百里，此犹文轩之与敝舆也；荆有云梦，犀兕麋鹿满之，江汉之鱼鳖鼋鼍[⑥]为天下富，宋所谓无雉兔鲋鱼者也，此犹粱肉之与糠糟也；荆有长松文梓楩楠豫章[⑦]，宋无长木[⑧]，此犹锦绣之与短褐也。臣以王吏[⑨]之攻宋也，为与此同类。”王曰：“善哉。虽然[⑩]，公输盘为我为云梯，必取宋。”

于是见公输盘。子墨子解带为城，以牒[⑪]为械。公输盘九设攻

---

① 知而不争（zhèng）：知道这道理却不对楚王进行劝谏。争，通“诤”，劝阻。

② 文轩：装饰华美的车。文，彩饰。轩，有篷的车。

③ 敝舆（yú）：破车。

④ 褐：粗布衣服。

⑤ 粱肉：好饭好菜。

⑥ 鼋鼍（yuán tuó）：鼋，大鳖。鼍，鳄鱼。

⑦ 长松文梓楩楠豫章：都是名贵的木材。文梓，梓树，纹理明显细密，所以叫文梓。楩，黄楩木。豫章，樟树。

⑧ 宋无长木：形容宋国小而穷。

⑨ 王吏：指楚王所派攻宋的官吏。

⑩ 虽然：虽然如此。

⑪ 牒：木片。

城之机变[1]，子墨子九距[2]之。公输盘之攻械尽，子墨子之守圉[3]有余。公输盘诎[4]，而曰："吾知所以[5]距子矣，吾不言。"子墨子亦曰："吾知子之所以距我，吾不言。"楚王问其故。子墨子曰："公输子之意，不过欲杀臣。杀臣，宋莫[6]能守，可攻也。然臣之弟子禽滑厘[7]等三百人，已持臣守圉之器，在宋城上而待楚寇[8]矣。虽杀臣，不能绝也。"楚王曰："善哉。吾请无攻宋矣。"

子墨子归，过宋。天雨，庇其闾中，守闾者不内[9]也。故曰：治于神者，众人不知其功；争于明者，众人知之。

译文

公输盘给楚国制造云梯这种器械，造成后，准备用来攻打宋国。墨子听到这个消息，就从鲁国起程，走了十天十夜到达郢都，去见公输盘。公输盘说："先生有什么指教呢？"墨子说："北方有人欺侮我，想借助您去杀掉他。"公输盘不高兴了。墨子说："请允许我奉送给您十金。"公输盘说："我是坚守道义的，坚决不无故杀人。"墨子站起来，拜了两拜，说："请让我说说这件事。我在北方听说您造了云梯，准备用来攻打宋国。宋国有什么罪呢？楚国有多余的土地，人口却不足，如今牺牲不足的人口，去争夺自己多

① 机变：巧妙的方式。

② 距：通"拒"，抵御。

③ 守圉（yù）：守卫。圉，通"御"，抵挡。

④ 诎（qū）：通"屈"，理屈，（办法）穷尽。

⑤ 所以：用来……的方法。

⑥ 莫：没有谁。

⑦ 禽滑（gǔ）厘：人名，魏国人。

⑧ 寇：入侵。

⑨ 内：通"纳"，接纳。

余的土地，不能说是聪明。宋国没有罪却要去攻打它，不能说是仁爱。懂得这个道理却不去竭力劝阻，不能说是忠诚。劝阻而达不到目的，不能说是坚强。讲道义不杀少量人却去杀多数人，不能说是懂得类推事理。”公输盘无言以对。墨子说：“既然如此，为什么不停止攻宋呢？”公输盘说：“不能，我已经对楚王说过了。”墨子说：“为什么不引我去见楚王呢？”公输盘说：“好吧。”

墨子见到楚王，说：“现在这里有个人，抛弃自己华丽的车子，看到邻人有破车便想去偷；抛弃自己精美的服装，看见邻人有粗布短袄就想去偷；抛弃自己的好饭好菜，看见邻人有糟糠便想去偷。这是什么样的人呢？”楚王说：“一定是有偷窃病了。”墨子说：“楚国的土地，方圆五千里，宋国的土地，方圆五百里，这就好像华丽的车子和破车子相比；楚国有云梦泽，那里满是犀兕、麋鹿，长江、汉水里的鱼、鳖、鼋、鼍是天下最富有的，宋国是人们说的那样没有野鸡、兔子、鲫鱼的地方，这就好像好饭好菜和糟糠相比；楚国有长松、文梓、楩、楠、樟树这些大树，而宋国却没有像样的树，这就好像精美服装和粗布短袄相比。我认为大王派人攻打宋国，正和这个人患偷窃病一样。”楚王说：“对呀。虽然如此，但公输盘已给我造好云梯，一定要攻下宋国。”

于是楚王召见公输盘。墨子解下衣带当作一座城，用木片当器械。公输盘多次陈设攻城用的机巧多变的器械，墨子多次地挡住了他。公输盘的攻城器械用尽了，墨子的守城办法还有很多。公输盘很是受挫，却说：“我知道怎么对付你了，我不说。”墨子也说：“我知道你要怎么对付我，我也不说。”楚王问这是什么原因。墨子说：“公输盘的意思，不过是想要杀死我。杀了我，宋国就不能守，就可以攻下了。可是我的学生禽滑厘等三百人，已经拿着我的防守器械，在宋国城上等待楚国入侵了。即使杀了我，也不能杀尽保卫宋国的人。”楚王说：“对呀。我不攻打宋国了。”

墨子从楚国归来，经过宋国，天下着雨，他想到里巷去避雨，守闾门的人却不接纳他。所以说：运用神机的人，众人不知道他的功劳；而在明处争辩不休的人，众人却都知道他。

2. 晋文公攻原得卫

⊙《韩非子》

晋文公攻原[1]，裹[2]十日粮，遂[3]与大夫期[4]十日。至原十日而原不下，击金而退，罢兵而去。士有从原中出者，曰：“原三日即下矣。”群臣左右谏曰：“夫原之食竭力尽矣，君姑[5]待之。”公曰：“吾与士期十日，不去，是亡[6]吾信也。得原失信，吾不为也。”遂罢兵而去[7]。原人闻曰：“有君如彼其信也，可无归乎？”乃降公。卫[8]人闻曰：“有君如彼其信也，可无从乎？”乃降公。孔子闻而记之曰：“攻原得卫者，信也。”

---

① 原：原国。

② 裹：携带。

③ 遂：于是，就。

④ 期：约定。

⑤ 姑：姑且，暂且。

⑥ 亡：失去。

⑦ 去：离开。

⑧ 卫：卫国。

译 文

晋文公攻打原国，携带了十天的粮食，于是就和大夫们约定了十天的期限。到达原国十天，却没有攻下原国，文公便下令鸣锣撤退，准备收兵回晋国。这时，有个从原国都城中出来的人说：“原国三天内就可攻下了。”群臣近侍进谏说：“原国城内粮食已经吃完了，兵力耗尽了，君主暂且等一等吧。”文公说：“我和大夫们约定十天的期限，如果不离开的话，这是失掉了我的信用。得到原国而失掉信用，我不这样做事。”于是撤兵离开。原国人听到后说：“有像他那样守信用的君主，怎能不归顺他呢？”于是投降了晋文公。卫国人听到后说：“有像他那样守信用的君主，怎能不跟随他呢？”于是也投降了晋文公。孔子听说了，就把这件事记载下来，并且说：“晋文公攻打原国竟获得了卫国，是因为他能守信啊！”

水滴石穿

出自《鹤林玉露》。相传，宋朝时，张乖崖在崇阳当县令。当时，常有军卒侮辱将帅、小吏侵犯长官的事。张乖崖下决心要整治这种现象。

一天，他抓到一个从府库中偷盗银钱的小吏，带回大堂拷打。小吏不服气，张乖崖大怒，判道：“一日一钱，千日一千，绳锯木断，水滴石穿。”为了惩罚这种行为，张乖崖当堂斩了这个小吏。

【典意】原比喻小错不改，将会变成大错；现比喻坚持不懈，集细微之力也能成就难能之功。

3. 官渡之战[1]

⊙〔元末明初〕罗贯中

却说袁绍兴兵，望官渡进发。夏侯惇发书告急。曹操起军七万，前往迎敌，留荀彧守许都。绍兵临发，田丰从狱中上书谏曰："今且宜静守以待天时，不可妄兴大兵，恐有不利。"逢纪谮曰："主公兴仁义之师，田丰何得出此不祥之语！"绍因怒，欲斩田丰。众官告免。绍恨曰："待吾破了曹操，明正其罪！"遂催军进发，旌旗遍野，刀剑如林。行至阳武，下定寨栅。沮授曰："我军虽众，而勇猛不及彼军；彼军虽精，而粮草不如我军。彼军无粮，利在急战；我军有粮，宜且缓守。若能旷以日月，则彼军不战自败矣。"绍怒曰："田丰慢我军心，吾回日必斩之。汝安敢又如此！"叱左右："将沮授锁禁军中，待我破曹之后，与田丰一体治罪！"于是下令，将大军七十万，东西南北，周围安营，连络九十余里。

细作探知虚实，报至官渡。曹军新到，闻之皆惧。曹操与众

① 选自《三国演义》第三十回"战官渡本初败绩　劫乌巢孟德烧粮"，题目为编者所加。

谋士商议。荀攸曰：“绍军虽多，不足惧也。我军俱精锐之士，无不以一当十。但利在急战。若迁延日月，粮草不敷，事可忧矣。”操曰：“所言正合吾意。”遂传令军将鼓噪而进。绍军来迎，两边排成阵势。审配拨弩手一万，伏于两翼；弓箭手五千，伏于门旗内：约炮响齐发。三通鼓罢，袁绍金盔金甲，锦袍玉带，立马阵前。左右排列着张郃、高览、韩猛、淳于琼等诸将。旌旗节钺，甚是严整。曹阵上门旗开处，曹操出马。许褚、张辽、徐晃、李典等，各持兵器，前后拥卫。曹操以鞭指袁绍曰：“吾于天子之前，保奏你为大将军，今何故谋反？”绍怒曰：“汝托名汉相，实为汉贼！罪恶弥天，甚于莽、卓，乃反诬人造反耶！”操曰：“吾今奉诏讨汝！”绍曰：“吾奉衣带诏讨贼！”操怒，使张辽出战。张郃跃马来迎。二将斗了四五十合，不分胜负。曹操见了，暗暗称奇。许褚挥刀纵马，直出助战。高览挺枪接住。四员将捉对儿厮杀。曹操令夏侯惇、曹洪，各引三千军，齐冲彼阵。审配见曹军来冲阵，便令放起号炮：两下万弩并发，中军内弓箭手一齐拥出阵前乱射。曹军如何抵敌，望南急走。袁绍驱兵掩杀，曹军大败，尽退至官渡。

袁绍移军逼近官渡下寨。审配曰：“今可拨兵十万守官渡，就曹操寨前筑起土山，令军人下视寨中放箭。操若弃此而去，吾得此隘口，许昌可破矣。”绍从之，于各寨内选精壮军人，用铁锹土担，齐来曹操寨边，垒土成山。曹营内见袁军堆筑土山，欲待出去冲突，被审配弓弩手挡住咽喉要路，不能前进。十日之内，筑成土山五十余座，上立高橹，分拨弓弩手于其上射箭。曹军大惧，皆顶着遮箭牌守御。土山上一声梆子响处，箭下如雨。曹军皆蒙楯伏地，袁军呐喊而笑。曹操见军慌乱，集众谋士问计。刘晔进曰："可作发石车以破之。"操令晔进车式，连夜造发石车数百乘，分布营墙内，正对着土山上云梯。候弓箭手射箭时，营内一齐拽动石车，炮石飞空，往上乱打。人无躲处，弓箭手死者无数。袁军皆号其车为"霹雳车"。由是袁军不敢登高射箭。审配又献一计：令军人用铁锹暗打地道，直透曹营内，号为"掘子军"。曹兵望见袁军于山后掘土坑，报知曹操。操又问计于刘晔。晔曰："此袁军不能攻明而攻暗，发掘伏道，欲从地下透营而入耳。"操曰："何以御之？"晔曰："可绕营掘长堑，则彼伏道无用也。"操连夜差军掘堑。袁军掘伏道到堑边，果不能入，空费军力。

却说曹操守官渡，自八月起，至九月终，军力渐乏，粮草不继。意欲弃官渡退回许昌，迟疑未决，乃作书遣人赴许昌问荀彧。彧以书报之。书略曰：

> 承尊命，使决进退之疑。愚以袁绍悉众聚于官渡，欲与明公决胜负，公以至弱当至强，若不能制，必为所乘：是天下之大机也。绍军虽众，而不能用；以公之神武明哲，何向而不济！今军实虽少，未若楚、汉在荥阳、成皋间也。公今画地而守，扼其喉而使不能进，情见势竭，必将有变。此用奇之时，断不可失。惟明公裁察焉。

曹操得书大喜，令将士效力死守。绍军约退三十余里，操遣将出营巡哨。有徐晃部将史涣获得袁军细作，解见徐晃。晃问其军中虚实。答曰："早晚大将韩猛运粮至军前接济，先令我等探路。"徐晃便将此事报知曹操。荀攸曰："韩猛匹夫之勇耳。若遣一人引轻骑数千，从半路击之，断其粮草，绍军自乱。"操曰："谁人可往？"攸曰："即遣徐晃可也。"操遂差徐晃将带史涣并所部兵先出，后使张辽、许褚引兵救应。当夜韩猛押粮车数千辆，解赴绍寨。正走之间，山谷内徐晃、史涣引军截住去路。韩猛飞马来战，徐晃接住厮杀。史涣便杀散人夫，放火焚烧粮车。韩猛抵挡不住，拨回马走。徐晃催军烧尽辎重。袁绍军中，望见西北上火起，正惊疑间，败军报来："粮草被劫！"绍急遣张郃、高览去截大路，正遇徐晃烧粮而回，恰欲交锋，背后张辽、许褚军到。两下夹攻，杀散袁军，四将合兵一处，回官渡寨中。曹操大喜，重加赏劳。又分军于寨前结营，为掎角之势。

单元学习任务

任务一

无论是以弱胜强，还是以少胜多，战争取胜的原因有很多。读了本单元的文章，请你梳理出每场战争胜利的原因和文章论述观点采用的写法及作用。

项目	烛之武退秦师	晋文公攻原得卫	官渡之战
胜利的原因			
采用的写法及作用			

任务二

有人赞成晋文公的行为，认为晋文公的可贵之处在于恪守诚信，因为讲信用，才能不战而胜，攻原得卫；有人反对晋文公的行为，认为晋文公错在墨守成规，不能随机应变。说一说你对晋文公“罢兵而去”的看法。

诤言讽谏

语言是一门艺术。言为心声，语为心境。胸有成竹的人，出口成章；满腹经纶的人，娓娓道来；胸无点墨的人，鹦鹉学舌；品德高尚的人，落落大方；居心叵测的人，危言耸听；心思缜密的人，沉默是金；优柔寡断的人，吞吞吐吐；温文尔雅的人，彬彬有礼；学识浅陋的人，肤浅庸俗……对于古代纵横捭阖的“士”来说，口者，心之门户也，智谋皆由门户出入。

阅读本单元文章，学习婉转规劝的语言艺术，体会古代文臣谋士为了国家利益敢于讽谏的勇气，感受古代明君善于纳谏的气度。同时体会作者在不同情景中论述问题时采用的不同技巧，并尝试运用到自己的生活中。

1. 成侯邹忌为齐相

⊙《战国策》

成侯邹忌为齐相，田忌为将，不相说[①]。公孙闬[②]谓邹忌曰："公何不为王谋伐魏？胜，则是君之谋也，君可以有功；战不胜，田忌不进，战而不死，曲挠[③]而诛。"邹忌以为然，乃说王而使田忌伐魏。

田忌三战三胜，邹忌以告公孙闬。公孙闬乃使人操十金[④]而往卜于市，曰："我田忌之人也，吾三战而三胜，声威天下，欲[⑤]为大事，亦吉否？"卜者出，因令人捕为人卜者[⑥]，亦验其辞[⑦]于王前。田忌遂走。

---

① 说：通"悦"，喜欢，高兴。

② 公孙闬（hàn）：齐国人，邹忌的门客。

③ 曲挠：屈服。

④ 金：当时齐国二十两为一金。

⑤ 欲：将要。

⑥ 为人卜者：帮人占卜预测吉凶的人。

⑦ 验其辞：验证占卜者说的话。

译文

成侯邹忌是齐国的相国，田忌是齐国的大将，两人感情不睦，互相猜忌。公孙闬向邹忌献计说：“阁下何不策动大王（令田忌率兵）伐魏？打了胜仗，那是您策划得好，您可以有功；一旦战败，田忌即使不死在战场，回国也必定会依军法处死。”邹忌认为他说得有理，于是劝说齐威王派田忌讨伐魏国。

谁料田忌三战三胜，邹忌赶紧找公孙闬商量对策。公孙闬就派人带着二百两黄金到市上去找人占卜，自我介绍道：“我是田忌将军的臣属，如今将军三战三胜，名震天下，现在欲图大事，麻烦你占卜一下，看看吉凶如何？”占卜的人刚走，公孙闬就派人逮捕为人占卜的人，在齐王面前验证占卜者说的话。田忌听说之后极为害怕，于是逃走避祸。

无地起楼台

出自《国老谈苑》。相传，宋代宰相寇准，两袖清风，深得百姓拥戴。处士魏野写诗称赞他“有官居鼎鼐，无地起楼台”，意思是寇准官居高位，家里却连造楼房的地都没有。从此，寇准的廉洁之名传得更远了。

一次，辽国的使者来到宋朝，点名要见他仰慕已久的“无地起楼台”的宰相。座中高官济济，但都面红耳赤，无言以对。因为当时寇准已遭奸臣构陷，被贬谪雷州了。

【典意】称颂为官清廉的人。

2. 齐客谏靖郭君

⊙《战国策》

靖郭君将城薛[1]，客多以谏。靖郭君谓谒者[2]无为客通。

齐人有请者曰："臣请三言[3]而已矣，益一言，臣请烹[4]！"靖郭君因见之。客趋[5]而进曰："海大鱼。"因反走[6]。君曰："客有于此。"客曰："鄙臣不敢以死为戏。"君曰："亡，更言之。"对曰："君不闻大鱼乎？网不能止，钩不能牵，荡而失水，则蝼蚁得意焉。今夫齐，亦君之水也。君长有齐阴[7]，奚以薛为？失齐，虽隆薛之城到于天，犹之无益也。"

君曰："善。"乃辍城薛。

---

① 城薛：在薛邑修筑城墙。

② 谒者：掌管通报、导引之事的小吏。

③ 言：字。一字为一言。

④ 烹：古代用鼎来煮杀人的一种酷刑。

⑤ 趋：快步走。古代要求在尊者面前应小步快走，以示尊敬。

⑥ 反走：转身就跑。

⑦ 阴：通"荫"，庇护。

译文

靖郭君田婴准备在薛邑修筑城墙，（因为会引起齐王猜疑）他的门客多来劝阻。田婴便吩咐传达人员不要为劝谏的门客通报。

有一个齐国门客求见说：“我只说三个字就行了，多说一个字就请把我烹死。”田婴就召见了他。门客快步前来禀告说：“海大鱼。”说完转身就跑。田婴说：“你不要跑，留下把话说完吧。”门客说：“我不敢拿死来开玩笑。”田婴说：“没事，你继续说下去。”门客说：“您没听说过海大鱼吗？用渔网捕不到它，用鱼钩钓不上它，可是，当干得连一滴水都没有时，连小小的蝼蛄、蚂蚁都能制服它。如今齐国就是您的水呀。如果您永远拥有齐国的庇护，要薛邑做什么呢？如果失掉了齐国，即使把薛邑的城墙筑得和天一样高，又有什么用呢？”

田婴说：“好。”于是放弃了在薛邑修筑城墙的打算。

安乐窝

出自《无名公传》。相传，宋代的邵雍初迁洛阳时，生活颇为艰难，就在洛河南岸搭了一个草棚，作为栖身之所。每逢下雨，满屋都是水。附近的人都讥笑他，他却满不在乎。后来，他还在洛河边开辟了一些荒地，收获仅供温饱。虽然生活穷困，但他不以为苦，自号“安乐先生”，称其住所为“安乐窝”。

【典意】借指安闲舒适的住处，或比喻安贫乐道、清静淡雅的生活环境。

3. 齐宣王见颜斶[①]（节选）

⊙《战国策》

齐宣王见颜斶，曰："斶前[②]！"斶亦曰："王前！"宣王不悦。左右曰："王，人君也。斶，人臣也。王曰'斶前'，亦曰'王前'，可乎？"斶对曰："夫斶前为慕势，王前为趋士[③]。与使斶为慕势，不如使王为趋士。"王忿然作色曰："王者贵乎？士贵乎？"对曰："士贵耳，王者不贵。"王曰："有说乎？"斶曰："有。昔者秦攻齐，令曰：'有敢去柳下季垄[④]五十步而樵采者，死不赦。'令曰：'有能得齐王头者，封万户侯，赐金千镒。'由是观之，生王之头，曾不若死士之垄也。"

宣王曰："嗟乎！君子焉可侮哉？寡人自取病耳！愿请受为弟子。且颜先生与寡人游，食必太牢[⑤]，出必乘车，妻子衣服丽都。"颜斶辞去曰："夫玉生于山，制则破焉，非弗宝贵矣，然夫璞不

---

① 颜斶（chù）：齐国隐士。

② 前：到前面来，上前。

③ 趋士：文中指礼贤下士。

④ 垄：坟墓。

⑤ 太牢：古代祭祀宴会时，牛、羊、豕三牲具备为太牢。

完。士生乎鄙野，推选则禄焉，非不得尊遂也，然而形神不全。斶愿得归，晚食以当肉，安步以当车，无罪以当贵，清静贞正以自虞[①]。”则再拜而辞去也。

斶知足矣，归反扑，则终身不辱也。

译 文

齐宣王召见颜斶说：“颜斶过来！”颜斶也说：“大王过来！”宣王很不高兴。左右近臣都责怪颜斶说：“大王为君主，你为臣子。大王说‘颜斶过来’，你也说‘大王过来’，这像话吗？”颜斶回答说：“我上前是趋炎附势，大王上前是礼贤下士。与其让我趋炎附势，不如让大王礼贤下士。”宣王听完后怒容满面，说：“是王尊贵还是士尊贵？”颜斶回答说：“士尊贵，王不尊贵。”宣王说：“有根据吗？”颜斶说：“有。从前秦国进攻齐国，秦王下令说：‘如果有人敢在柳下季墓地五十步内砍柴的，定杀不饶。’又下令说：‘如果有人能砍下齐王的头颅，封邑万户，赐金千镒。’由此看来，活着的君主的头颅，还不如死去的士人的坟墓。”

宣王说：“唉！君子岂能随便受人侮辱呢？我实在是自取其辱啊！希望您收下我这个学生吧，先生与我交往，吃的肯定是上等宴席，出门必有高级车马供您使用，妻子儿女穿着的服装也会华美绮丽。”颜斶辞谢而去，说：“我听说璞玉生在深山中，经过雕琢就破损了。经过雕琢的玉并非不宝贵，只是本来的面貌已不复存在了。士人生于偏僻的乡野之地，经过推举选拔而被任用，当官享受俸禄，并非不尊贵，而是士人的精神品质就不完整了。我希望回到乡里，饿了再吃东西，就像吃肉一样有滋味，散步就像乘车一样悠闲，不获罪就可以算得上是富贵，内心正直纯净，自得其乐。”说完，他拜了两拜后告辞离去。

颜斶可以说是懂得知足的了，他归于自然，返于纯朴，这样就能终身安乐不会受辱了。

---

① 虞：通“娱”，欢乐。

4. 谈《战国策》[1]

⊙朱自清

春秋末年，列国大臣的势力渐渐膨胀起来。这些大臣都是世袭的，他们一代一代聚财养众，明争暗夺了君主的权力，建立起自己的特殊地位。等到机会成熟，便跳起来打倒君主自己干。那时候各国差不多都起了内乱。晋国让韩、魏、赵三家分了，姓姜的齐国也让姓田的大夫占了。这些，周天子只得承认了。这是封建制度崩坏的开始。那时候周室也经过了内乱，土地大半让邻国抢去，剩下的又分为东、西周；东、西周各有君王，彼此还争争吵吵的。这两位君王早已失去春秋时代“共主”的地位，而和列国诸侯相等了。后来列国纷纷称王，周室更不算回事；他们至多能和宋、鲁等小国君主等量齐观罢了。

秦、楚两国也经过内乱，可是站住了。它们本是边远的国家，却渐渐伸张势力到中原来。内乱平后，大加整顿，努力图强，声威便更广了。还有极北的燕国，向来和中原国家少来往；这时候

① 选自朱自清《经典常谈》，原题为《〈战国策〉第八》，题目为编者所加。

也有力量向南参加国际政治了。秦、楚、燕和新兴的韩、魏、赵、齐，是那时代的大国，称为“七雄”。那些小国呢，从前可以仰仗霸主的保护，作大国的附庸；现在可不成了，只好让人家吞的吞，并的并，算只留下宋、鲁等两三国，给七雄当缓冲地带。封建制度既然在崩坏中，七雄便各成一单位，各自争存，各自争强。国际政局比春秋时代紧张多了。战争也比从前严重多了。列国都在自己边界上修起长城来。这时候兵器进步了；从前的兵器都用铜打成，现在有用铁打成的了。战术也进步了。攻守的方法都比从前精明，从前只用兵车和步卒，现在却发展了骑兵了。这时候还有以帮人家作战为职业的人。这时候的战争，杀伤是很多的。孟子说：“争地以战，杀人盈野；争城以战，杀人盈城。”可见那凶惨的情形。后人因此称这时代为战国时代。

在长期混乱之后，贵族有的做了国君，有的渐渐衰灭。这个阶级算是随着封建制度崩坏了。那时候的国君，没有了世袭的大臣，便集权专制起来。辅助他们的是一些出身贵贱不同的士人。那时候君主和大臣都竭力招揽有技能的人，甚至学鸡鸣、学狗盗的也都收留着。这是所谓“好客”“好士”的风气。其中最高的是说客，是游说之士。当时国际关系紧张，战争随时可起。战争到底是劳民伤财的，况且难得有把握；重要的还是外交的功夫。外交办得好，只凭口舌排难解纷，可以免去战祸；就是不得不战，也可以多找一些与国，一些帮手。担负这种外交的人，便是那些策士，那些游说之士。游说之士既然这般重要，所以立谈可以取卿相；只要有计谋，会辩说就成，出身的贵贱倒是不在乎的。

七雄中的秦，从孝公用商鞅变法以后，日渐强盛。到后来成了与六国对峙的局势。这时候的游说之士，有的劝六国联合起来抗秦，有的劝六国联合起来亲秦。前一派叫“合纵”，是联合南北各国的意思，后一派叫“连横”，是联合东西各国的意思——只有秦是西方的国家。合纵派的代表是苏秦，连横派的是张仪；他们可以代表所有的战国游说之士。后世提到游说的策士，总想到这两个人，提到纵横家，也总是想到这两个人。他们都是鬼谷子先生的弟子。苏秦起初也是连横派。他游说秦惠王，秦惠王老不理他；穷得要死，只好回家。妻子、嫂嫂、父母，都瞧不起他。他恨极了，用心读书，用心揣摩；夜里倦了要睡，用锥子扎大腿，血流到脚上。这样整一年，他想着成了，便出来游说六国合纵。这回他果然成功了，佩了六国相印，又有势又有钱。打家里过的时候，父母郊迎三十里，妻子低头，嫂嫂趴在地上谢罪。他叹道：“人生世上，势位富贵，真是少不得的！”张仪和楚相喝酒，楚相丢了一块璧。手下人说张仪穷而无行，一定是他偷的，绑起来打了几百下。张仪始终不认，只好放了他。回家，他妻子说：“唉，要不是读书游说，哪会受这场气！”他不理，只说：“看我舌头还在吧？”妻子笑道：“舌头是在的。”他说：“那就成！”后来果然做了秦国的相；苏秦死后，他也大大得意了一番。

苏秦使锥子扎腿的时候，自己发狠道：“哪有游说人主不能得金玉锦绣，不能取卿相之尊的道理！”这正是战国策士的心思。他们凭他们的智谋和辩才，给人家划策，办外交；谁用他们就帮谁。他们是职业的，所图的是自己的功名富贵；帮你的时候帮你，不帮的时候也许害你。翻覆，在他们看来是没有什么的。本来呢，当时七雄分立，没有共主，没有盟主，各干各的，谁胜谁得势。国际间没有是非，爱帮谁就帮谁，反正都一样。苏秦说连横不成，就改说合纵，在策士看来，这正是当然。张仪说舌头在就行，说是说非，只要会说，这也正是职业的态度。他们自己没有理想，没有主张，只求揣摩主上的心理，拐弯儿抹角投其所好。这需要技巧，《韩非子·说难篇》专论这个。说得好固然可以取“金玉锦绣”和“卿相之尊”，说得不好也会招杀身之祸，利害所关如此之大，苏秦费一整年研究揣摩不算多。当时各国所重的是威势，策士所说原不外战争和诈谋；但要因人、因地进言，广博的知识和微妙的机智都是不可少的。

记载那些说辞的书叫《战国策》，是汉代刘向编定的，书名也是他提议的。但在他以前，汉初著名的说客蒯通，大约已经加以整理和润饰，所以各篇如出一手。《汉书》本传里记着他“论战国时说士权变，亦自序其说，凡八十一篇，号曰《隽永》”，大约就是刘向所根据的底本了。蒯通那支笔是很有力量的。铺陈的伟丽，叱咤的雄豪，固然传达出来了；而那些曲折微妙的声口，也丝丝入扣，千载如生。读这部书，真是如闻其语，如见其人。汉以来批评这部书的都用儒家的眼光。刘向的序里说战国时代“捐礼让而贵战争，弃仁义而用诈谲，苟以取强而已矣”，可以代表。但他又说这些是“高才秀士”的“奇策异智”，“亦可喜，皆可观”。这便是文辞的作用了。宋代有个李文叔，也说这部书所记载的事“浅陋不足道”，但“人读之，则必乡其说之工，而忘其事之陋者，文辞之胜移之而已”。又道，说的还不算难，记的才真难得呢。这部书除文辞之胜外，所记的事，上接春秋时代，下至楚、汉兴起为止，共二百零二年（公元前403—前202），也是一部重要的古史。所谓战国时代，便指这里的二百零二年；而战国的名称也是刘向在这部书的序里定出的。

画荻学书

出自《宋史》。“唐宋八大家”之一的欧阳修不仅在文学上造诣颇深，在中国史学史上也占有重要的一席之地。相传，他四岁时父亲就去世了，母亲郑氏一直守节未嫁，在家亲自教欧阳修读书学习。因家里贫穷，欧阳修只能用芦荻作笔，在地上学习写字。欧阳修凭着坚强的毅力和持之以恒的精神，终成大器。

【典意】比喻刻苦学习，或称颂母亲教子有方。

鸿鹄大志

“千秋史圣”司马迁以其“究天人之际，通古今之变，成一家之言”的宏愿，创作了中国第一部纪传体通史——《史记》。“人固有一死，或重于泰山，或轻于鸿毛。”司马迁在思想上、精神上都是一个傲岸不屈、不可摧毁的巨人。他含羞忍辱著书，为我们展现了一个个鲜活的历史人物，一幕幕生动的历史场景。《陈涉世家》中陈涉“王侯将相宁有种乎”的呐喊，《项羽本纪》里项羽望始皇经过而发出“彼可取而代也”的心声，都彰显着英雄本色。真可谓：史圣者，司马迁也！《史记》者，史圣之雄文也！

《史记》中的人物描写和情节描述生动形象，语言朴素明净。阅读时，要反复诵读，揣摩人物语言、动作等描写，品读人物个性特点和作者对待历史人物的态度。

自由阅读

1. 帝置酒洛阳南宫①

⊙〔汉〕司马迁

高祖置酒洛阳南宫。高祖曰："列侯诸将无敢隐②朕，皆言其情。吾所以有天下者何？项氏之所以失天下者何？"

高起、王陵对曰："陛下慢而侮人，项羽仁而爱人。然陛下使人攻城略③地，所降下者因以予之，与天下同利也。项羽妒贤嫉能，有功者害之，贤者疑之，战胜而不予人功，得地而不予人利，此所以失天下也。"

高祖曰："公知其一，未知其二。夫运筹策④帷帐之中，决胜于千里之外，吾不如子房⑤；镇国家，抚百姓，给馈饷，不绝粮道，吾不如萧何；连百万之军，战必胜，攻必取，吾不如韩信。

---

① 选自《史记·高祖本纪》，题目为编者所加。南宫，大概秦仿周东都之制，故秦时洛阳已有南北宫。

② 隐：隐瞒。

③ 略：夺取。

④ 筹策：计谋，谋划。

⑤ 子房：张良，字子房，刘邦的谋士。

此三者，皆人杰也，吾能用之，此吾所以取天下也。项羽有一范增而不能用，此其所以为我擒也。”

译文

汉高祖刘邦在洛阳的南宫设酒宴。汉高祖说：“各位诸侯将领，你们不要隐瞒我，都要讲实情。我能取得天下是因为什么呢？项羽失去天下是因为什么呢？”

高起、王陵回答说：“您傲慢且好侮辱人，项羽仁厚且爱护人。可是您派人攻城略地，被攻下的城池、土地，您就赏赐给他们，这是与天下人同享利益。项羽妒贤嫉能，陷害有功的人，猜疑贤能的人，打了胜仗不论功行赏，攻占了土地不分给人利益，这就是他失去天下的原因。”

汉高祖说：“你们只知其一，不知其二。说到运筹于帷幄之中，决胜于千里之外，我不如张良；镇守国家，安抚百姓，供应粮饷，保证粮道畅通，我不如萧何；统领百万大军，战必胜，攻必取，我不如韩信。这三个人，都是人中豪杰，我能任用他们，这就是我取得天下的原因。项羽只有一个谋士范增，却不加重用，这就是他被我打败的原因。”

2. 陈胜王凡六月[1]

⊙〔汉〕司马迁

陈胜王凡六月。已为王，王陈[2]。其故人尝与佣耕者闻之，之[3]陈，扣宫门曰："吾欲见涉。"宫门令欲缚之。自辩数[4]，乃置，不肯为通[5]。陈王出，遮道[6]而呼涉。陈王闻之，乃召见，载与俱归。入宫，见殿屋帷帐，客曰："夥颐[7]！涉之为王沈沈者！"楚人谓多为夥，故天下传之，夥涉为王[8]，由陈涉始。客出入愈益发舒，言陈王故情。或说陈王曰："客愚无知，颛[9]妄言[10]，

---

① 选自《史记·陈涉世家》，题目为编者所加。王，称王。凡，总共。

② 王陈：即"王于陈"，在陈地做王。

③ 之：到……去。

④ 辩数：反复解说。

⑤ 为通："为之通"，替他通报。

⑥ 遮道：拦路。

⑦ 夥颐：意思是"真多呀"。夥，多。颐，语气助词，相当于"呀"。

⑧ 夥涉为王：这是当时流传的口头语，意思是一朝得志就变得十分阔气。

⑨ 颛（zhuān）：通"专"，独一，专擅。

⑩ 妄言：胡说。

轻威[1]。”陈王斩之。诸陈王故人皆自引去，由是无亲陈王者。

译文

陈胜称王一共用了六个月的时间。当他称王之后，就把陈县设为国都。从前跟他一起给别人耕地的一个农民，听到这个消息之后，就来到陈县，敲着皇宫的大门说："我想要见陈胜。"守卫皇宫的士兵想要把这个人绑起来。这个农民辩解了好多次，士兵才把他放开，但还是不肯为他通报。陈王外出时，这个农民拦在道路上呼喊陈胜的名字。陈王听到后，就召见了他，并且与他同乘一辆车回了宫中。那个农民进入皇宫，看到宫殿房屋和帷幕帐帘，感叹道："真的好多啊！陈胜你为王之后真是富丽堂皇啊！"楚地的人们把"多"叫作"夥"，天下流传起"夥涉为王"的话，就是从陈胜开始的。这个农民从皇宫出入愈发随便，常常向人们讲述陈胜的一些旧事。有人就对陈胜说："您的客人太愚昧无知了，总是胡说八道，有损您的威严。"为此陈胜就把那个农民给斩杀了。从此以后，陈胜的老朋友都纷纷自动离去，再没有亲近陈胜的人了。

① 轻威：损害了（陈王的）权威。

3. 司马祠

⊙和　谷

一说到韩城，自然会想到司马迁。地以人传，由于崇敬司马迁，而对韩城心仪已久。在这次的游览历程中，韩城的地势之高，城郭之阔，田园之丽，都给我留下深刻的印象。

韩城南边是一个有别于周围山原的盆地，绿树葱茏，良田万顷，疑是到了江南仙境。从这里流入黄河的芝水，使芝川有着天赐的好风水。与司马迁结缘的汉武帝，曾想长生不死，那些方士宦官之流投其所好，竟在这一带挖到了灵芝。汉武帝喜得瑞药，却也没能活到今天，只是由此将原名陶渠水的这条河更名为芝水了。过小石桥，穿木牌坊，踏上石砌的古道，便开始了仰望中的登攀。

脚下的古道是用宽大厚实的石条铺成的，粗粝坚硬，历经数千年而牢固如初。古道始建于春秋时期，韩、赵、魏三家分晋后，开凿了这条悬崖上的交通要道。楚汉之争，韩信经这儿运过兵；汉武帝祭祀后土，经这儿往返行宫；隋朝末年，李世民经这儿攻入长安；明末李自成经这儿渡龙门，直捣燕京。这条巨石铺砌的古道，缘于不易更改，万年不朽，是另一部书写在石头上的《史记》。太史公之前之后，这里上演过的金戈铁马的历史活剧，都被载入了有形无形的史册中。而这座历尽沧桑的司马祠，也正是在有形无形之中负载着“史圣”无形的精神内涵。

“高山仰止”是《诗经》里的名句，嵌在这头顶的牌坊上，正好合了拜谒者的心情。这时，你的脚步已踏入了神道，登九十九级台阶，就可以抵达祠顶了。这条险峻的山脊，是后人垫沟筑起的，砖石砌成的九十九级台阶，用意取之于《易经》中的释义，九为数之极，九九则至高无上了。皇上的祖祠称九庙，官衔不算高的太史令却有九十九级的神道，确乎有造祠者藐视皇权之意，更具寓意的是说司马迁经受了多么坎坷曲折的磨难，才登上“史圣”之巅峰。他“以天地为量，不计小耻”，以“史家之绝唱，无韵之《离骚》”光照后世。

攀至最高层的祠院，地势开阔了。殿内有若干碑碣，奇妙的是那一块梦碑，说唐朝褚遂良于同州梦见一女子自称司马迁之侍妾，叫随清娱，迁遇难后忧伤而死，褚遂作此墓志铭。是实录还是虚幻，莫衷一是。造于北宋的司马迁泥塑像，不是宫刑后无胡须的“妇人像”，是据芝川乡间寻访到的太史公壮年线描画像塑造的，相传画像出自司马夫人之手，泥塑像面稍北望，是在想念苏武和李陵吧？传说司马迁去世后，是其夫人柳倩娘和子女，将太史公的骨骸运回故地，掩埋在这高岗上的。有种说法，身体发肤受之父母，得之天地，不能有丝毫损伤，司马迁受了宫刑，有辱祖先，不能埋入祖茔。这是谁的悲哀呢？我宁可认为，此处枕家山，临大河，气宇轩昂，一览众山小，是“史圣”最佳的长眠之处。寝宫后是司马迁圆形砖砌墓冢，为元世祖敕命建造的蒙古包状八卦墓，“以通神明之德，以类万物之情”，非大智大慧者莫属。墓顶一柏分为五指，人称五子登科，形若颤抖的五指，傲指苍穹。

这是天问！我听见史圣在歌唱。这歌声穿越古今，扬善弃恶，与大河一起歌舞。天空有雄鹰飞过，它读圆的墓冢，读方的祠院，读直的牌坊和山门，再读弧形的古石坡和小桥大路，这竟然是大地上一个巨大的问号。

（有删改）

赤胆忠心

诸葛亮不愧为一代贤臣名将，为了蜀汉事业，他一生苦心筹谋，亲率大军，深入不毛之地，最终病卒于战场。杜甫有诗云："三顾频烦天下计，两朝开济老臣心。"诸葛亮成为鞠躬尽瘁、死而后已的忠君典型。

阅读本单元文章，要学习融议论、叙述、抒情于一体的写作方法，体会文中诸葛亮对蜀汉的拳拳报国之心和作为政治家的深谋远虑。作为中华民族的一分子，我们也要勇于承担重任，为实现中华民族的伟大复兴贡献自己的一份力量。

1. 后出师表（节选）

⊙〔三国〕诸葛亮

先帝虑汉[①]、贼[②]不两立，王业不偏安[③]，故托臣以讨贼也。以先帝之明，量臣之才，固知臣伐贼，才弱敌强也。然不伐贼，王业亦亡，惟坐而待亡，孰与伐之？是故托臣而弗疑也。

臣受命之日，寝不安席，食不甘味。思惟[④]北征，宜先入南[⑤]。故五月渡泸，深入不毛，并日[⑥]而食。臣非不自惜也，顾王业不可偏安于蜀都[⑦]，故冒危难以奉先帝之遗意，而议者[⑧]谓为非计[⑨]。今贼适疲于西，又务于东，兵法乘劳[⑩]，此进趋[⑪]之时也。

---

① 汉：指蜀汉。
② 贼：指曹魏。古时往往把敌方称为贼。
③ 偏安：指偏处于蜀地一隅，自以为安。
④ 思惟：思量，考虑。
⑤ 入南：指诸葛亮深入南中，平定四郡之事。
⑥ 并日：两天合为一天。
⑦ 蜀都：此指蜀汉之境。
⑧ 议者：指对诸葛亮决意北伐发表不同意见的官吏。
⑨ 非计：不是上策。
⑩ 乘劳：趁敌人疲劳的时候。
⑪ 进趋：快速前进。

译文

先帝考虑到蜀汉和曹贼不能并存，帝王之业不能苟且偷安于一地，所以委任臣下去讨伐曹魏。以先帝那样的明察，估量臣下的才能，本来就知道让臣下去征讨敌人，臣下的能力微弱而敌人的力量却很强大。但是，不去讨伐敌人，王业也是要败亡的，是坐而待毙，还是主动去征伐敌人呢？因此先帝委任臣下一点也不犹疑。

臣下接受任命以后，睡不安稳，食无滋味。想到要去北伐，应该先南征。所以五月渡过泸水，深入荒芜之地，两天才能吃上一天的饭。不是臣下不爱惜自己，而是看到帝王之业不可偏处在蜀地一隅，所以冒着危险来执行先帝的遗愿，可是争议者说这不是上策。目前敌人恰好在西面疲于对付边县的叛乱，东面又要竭力去应付孙吴的进攻，兵法上要求趁敌方疲劳时发动进攻，当前正是赶快进军的好时机。

学习提示

一封奏疏千百年来能被视为“至文”而流传不朽，在于诸葛亮的忠肝义胆。他“鞠躬尽瘁，死而后已”的精神，在封建社会被视为臣子的大节，普遍受到推崇，而当国家处于危难关头，这种精神更焕发出强大的感召力。

理解“寝不安席”“并日而食”等成语的词义并灵活运用到自己的写作中。

2. 隆中对[1]

⊙〔晋〕陈寿

亮躬[2]耕陇亩[3]，好[4]为[5]《梁父吟》[6]。身长八尺，每自比于管仲[7]、乐毅，时人莫之许[8]也。惟博陵崔州平、颍川徐庶元直与亮友善，谓为信然[9]。

时先主屯[10]新野。徐庶见先主，先主器之，谓先主曰："诸葛孔明者，卧龙也，将军岂愿见之乎？"先主曰："君与俱来。"

---

① 选自《三国志·诸葛亮传》，题目为编者所加。对，回答、应对。

② 躬：亲自。

③ 陇亩：田地。

④ 好（hào）：喜爱。

⑤ 为：唱。

⑥《梁父（fǔ）吟》：又作《梁甫吟》，古歌曲名，相传为诸葛亮所作。

⑦ 管仲：名夷吾，春秋时齐桓公的国相，帮助桓公建立霸业。

⑧ 莫之许：就是"莫许之"。莫，没有人。之，代词，指诸葛亮"自比于管仲、乐毅"这件事。许，承认、同意。

⑨ 信然：确实这样。

⑩ 屯：驻扎。

庶曰：“此人可就见[①]，不可屈致[②]也。将军宜枉驾[③]顾[④]之。”

由是先主遂诣[⑤]亮，凡三往，乃见。因屏[⑥]人曰：“汉室倾颓，奸臣窃命[⑦]，主上蒙尘[⑧]。孤不度德量力[⑨]，欲信[⑩]大义于天下；而智术浅短，遂用猖蹶[⑪]，至于今日。然志犹未已，君谓计将安出？”

亮答曰：“自董卓已来[⑫]，豪杰并起，跨州连郡者不可胜数。曹操比于袁绍，则名微而众寡。然操遂能克绍，以弱为强者，非惟天时，抑亦人谋也。今操已拥百万之众，挟[⑬]天子而令诸侯，此诚不可与争锋。孙权据有江东，已历三世，国险而民附[⑭]，贤能为之用，此可以为援而不可图也。荆州北据汉、沔，利尽南海，

---

①就见：意思是到诸葛亮那里去拜访。就，接近、趋向。

②屈致：委屈（他），召（他上门）来。致，招致、引来。

③枉（wǎng）驾：屈尊。枉，委屈。驾，车马，借指刘备。

④顾：拜访。

⑤诣：去，到。这里是拜访的意思。

⑥屏（bǐng）：这里是命人退避的意思。

⑦窃命：盗用皇帝的政令。

⑧蒙尘：蒙受风尘，专指皇帝遭难出奔。

⑨度（duó）德量力：衡量（自己的）德行（能否服人），估计（自己的）力量（能否胜人）。

⑩信：通“伸”，伸张。

⑪猖蹶：这里是失败的意思。

⑫已来：以来。已，通“以”，表时间。

⑬挟（xié）：挟持，控制。

⑭国险而民附：地势险要，民众归附。

东连吴会，西通巴、蜀，此用武之国，而其主不能守，此殆[1]天所以资将军，将军岂有意乎？益州险塞，沃野千里，天府之土，高祖因之以成帝业。刘璋暗弱，张鲁在北，民殷[2]国富而不知存恤，智能之士思得明君。将军既帝室之胄[3]，信义著于四海，总揽[4]英雄，思贤如渴，若跨有荆、益，保其岩阻，西和诸戎[5]，南抚夷越[6]，外结好孙权，内修政理；天下有变，则命一上将将荆州之军以向宛、洛，将军身率益州之众出于秦川，百姓孰敢不箪食壶浆[7]以迎将军者乎？诚如是[8]，则霸业可成，汉室可兴矣。”

先主曰：“善！”于是与亮情好日密。

关羽、张飞等不悦，先主解之曰：“孤之有孔明，犹鱼之有水也。愿诸君勿复言。”羽、飞乃止。

---

① 殆（dài）：大概。

② 殷：兴旺富裕。

③ 胄：后代。刘备是中山靖王刘胜的后代，所以称他“帝室之胄”。

④ 总揽：广泛地罗致。揽，这里有“招致”的意思。

⑤ 西和诸戎：向西和中国西部各族交好。

⑥ 南抚夷越：向南安抚中国南部各族。

⑦ 箪（dān）食壶浆：形容百姓热情迎接和款待自己所爱戴的军队。

⑧ 诚如是：如果真像这样。

译 文

诸葛亮亲自在田地中耕种，喜爱吟唱《梁父吟》。他身高八尺，常常把自己和管仲、乐毅相比，当时人们都不承认这件事。只有博陵的崔州平、颍川的徐庶与诸葛亮关系甚好，说确实是这样。

适逢先帝刘备驻扎在新野。徐庶拜见刘备，刘备很器重他，徐庶对刘备说："诸葛孔明这个人，是人间卧伏着的龙啊，将军可愿意见他？"刘备说："您和他一起来吧。"徐庶说："这个人只能你去他那里拜访，不可以委屈他，召他上门来。将军你应该屈尊亲自去拜访他。"

因此先帝就去隆中拜访诸葛亮，总共去了三次，才见到诸葛亮。于是刘备叫旁边的人退下，说："汉室的统治崩溃，奸邪的臣子盗用政令，皇上蒙受风尘遭难出奔。我不能衡量自己的德行能否服人，估计自己的力量能否胜任，想要为天下人伸张大义；然而我才智与谋略短浅，因此接连失败，弄到今天这个局面。但是我的志向到现在还没有罢休，您认为该采取怎样的办法呢？"

诸葛亮回答道："自董卓独掌大权以来，各地豪杰同时起兵，占据州、郡的人数不胜数。曹操与袁绍相比，声望少之又少。然而曹操之所以最终能打败袁绍，凭借弱小的力量战胜强大的原因，不仅依靠天时好，更是因为人的谋划得当。现在曹操已拥有百万大军，挟持皇帝来号令诸侯，这确实不能与他争强。孙权占据江东，已经历三世了，地势险要，民众归附，又任用了有才能的人，孙权这方面只可以作为外援，而不可谋取。荆州北靠汉水、沔水，一直到南海的物资都能得到，东面和吴郡、会稽郡相连，西边和巴郡、蜀郡相通，这是大家都要争夺的地方，但是它的主人却没有能力守住它，这大概是上天拿它用来资助将军的，将军你可有占领它的意思呢？益州地势险要，有广阔肥沃的土地，自然条件优越，高祖凭借它建立了帝业。刘璋昏庸懦弱，张鲁在北面占据汉中，那里人民殷实富裕，物产丰富，刘璋却不知道爱惜，有才能的人都渴望得到贤明的君主。将军既是皇室的后代，而且声望很高，闻名天下，广泛地招揽英雄，如饥似渴地思慕贤才，如果能占据荆、益两州，守住险要的地方，和西边的各个民族交好，又安抚南边的各个民族，对外联合孙权，对内革新政治；一旦天下形势发生了变化，就派一员上将率领荆州的军队直指中原一带，将军您亲自率领益州的军队从秦川出击，老百姓谁敢不用竹篮盛着饭食、用壶装着酒来欢迎将军您呢？如果真像这样，那么称霸的事业就可以成功，汉室天下就可以复兴了。”

刘备说：“好！”从此与诸葛亮的关系一天天亲密起来。

关羽、张飞等人不高兴了，刘备劝解他们说：“我有了孔明，就像鱼得到水一样。希望你们不要再说什么了。”关羽、张飞于是不再说什么了。

学习提示

诸葛亮未出隆中，便为刘备分析了天下三分的可能，显示出他的聪明才智、政治远见和深谋远虑。

阅读本文，借助文中注释、工具书和文后翻译，初步读懂文意，注意“箪食壶浆”中“箪”“壶”的特殊用法，并且注意通假字“信”“已”等文言词语的迁移运用。结合《出师表》《后出师表》感受诸葛亮的人格魅力。

1. 进诸葛亮集表（节选）

⊙〔晋〕陈寿

亮少有逸群[①]之才，英霸之器。身长八尺，容貌甚伟，时人异[②]焉。遭汉末扰乱，随叔父玄避难荆州，躬耕于野，不求闻达。时左将军刘备以亮有殊量，乃三顾亮于草庐之中。亮深谓备雄姿杰出，遂解带写诚，厚相结纳[③]。及魏武帝南征荆州，刘琮举州委质[④]，而备失势众寡，无立锥之地。亮时年二十七，乃建奇策，身使孙权，求援吴会。权既宿服仰备，又睹亮奇雅，甚敬重之，即遣兵三万人以助备。备得用与武帝交战，大破其军，乘胜克捷[⑤]，江南悉平。后备又西取益州，益州既定，以亮为军师将军。备称尊号，拜亮为丞相，录尚书事。及备殂没[⑥]，嗣子幼弱，事

---

① 逸群：超乎寻常人。

② 异：感到惊异。

③ 厚相结纳：真诚相待。

④ 委质：恭敬地下拜，即投降。

⑤ 克捷：战胜，取得成功。

⑥ 殂（cú）没：死亡。

无巨细，亮皆专之。于是外连东吴，内平南越，立法施度，整理戎旅，工械技巧，物究其极。科教严明，赏罚必信，无恶不惩，无善不显。至于吏不容奸，人怀自厉，道不拾遗，强不侵弱，风化肃然也。

译 文

诸葛亮年轻时就表现出超群的才华，颇有英雄霸士的风范。他身高八尺，容貌很伟岸，当时的人都感到很惊异。遇到汉末天下动乱，他跟着叔父诸葛玄到荆州避难，亲自在田间耕种，并不求声名显达。当时左将军刘备认为诸葛亮有特殊的才能，于是三次到他的草庐去拜访。诸葛亮深感刘备确实雄姿杰出，于是解下腰带，送给刘备以表诚意，双方因此真诚相待。等到魏武帝南下攻打荆州，刘琮献出荆州投降，而刘备处境变得十分艰难，寡不敌众，没有立足之地。诸葛亮当时年仅二十七岁，他向刘备献上奇妙的计谋，亲自出使去拜见孙权，向东吴求援。孙权本来就十分佩服刘备，又看到诸葛亮儒雅奇伟，对他很是敬重，即刻派遣三万大军用来帮助刘备。刘备借助这支军队跟魏武帝交战，大败曹军，并乘胜追击，把江南一带都平定下来。后来刘备又向西夺取了益州，益州平定后，诸葛亮被任命为军师将军。刘备称帝后，再拜诸葛亮为丞相，兼任录尚书事。等到刘备去世，继位的刘禅年纪幼小，才智平庸，政事不分大小，全由诸葛亮一人裁决处理。他对外与东吴结盟，内部平定南越的叛乱，制定法律制度，整顿军队，他使木牛流马这一类机械装置达到了极其精妙的程度。他法令严明，赏罚决不失信，作恶的人没有不受到惩罚的，为善的人没有不被表彰的。最后终于达到了官吏不敢违法乱纪，人人纷纷要求上进，路旁有贵重的东西摆着，也不会有人去捡它，强壮的人不以大欺小，这都是由于受到他严谨的风范所感化的缘故啊！

2. 白帝城托孤[①]

⊙〔元末明初〕罗贯中

且说孔明到永安宫，见先主病危，慌忙拜伏于龙榻之下。先主传旨，请孔明坐于龙榻之侧，抚其背曰：“朕自得丞相，幸成帝业。何期智识浅陋，不纳丞相之言，自取其败。悔恨成疾，死在旦夕。嗣子孱弱，不得不以大事相托。”言讫，泪流满面。孔明亦涕泣曰：“愿陛下善保龙体，以副天下之望！”先主以目遍视，只见马良之弟马谡在傍，先主令且退。谡退出，先主谓孔明曰：“丞相观马谡之才何如？”孔明曰：“此人亦当世之英才也。”先主曰：“不然。朕观此人，言过其实，不可大用。丞相宜深察之。”吩咐毕，传旨召诸臣入殿，取纸笔写了遗诏，递与孔明而叹曰：“朕不读书，粗知大略。圣人云：‘鸟之将死，其鸣也哀；人之将死，其言也善。’朕本待与卿等同灭曹贼，共扶汉室，不幸中道而别。烦丞相将诏付与太子禅，令勿以为常言。凡事更望丞相教之！”

① 选自《三国演义》第八十五回“刘先主遗诏托孤儿　诸葛亮安居平五路”，题目为编者所加。

孔明等泣拜于地曰："愿陛下将息龙体！臣等尽施犬马之劳，以报陛下知遇之恩也。"先主命内侍扶起孔明，一手掩泪，一手执其手，曰："朕今死矣，有心腹之言相告！"孔明曰："有何圣谕？"先主泣曰："君才十倍曹丕，必能安邦定国，终定大事。若嗣子可辅，则辅之；如其不才，君可自为成都之主。"孔明听毕，汗流遍体，手足失措，泣拜于地曰："臣安敢不竭股肱之力，尽忠贞之节，继之以死乎！"言讫，叩头流血。先主又请孔明坐于榻上，唤鲁王刘永、梁王刘理近前，吩咐曰："尔等皆记朕言：朕亡之后，尔兄弟三人，皆以父事丞相，不可怠慢。"言罢，遂命二王同拜孔明。二王拜毕，孔明曰："臣虽肝脑涂地，安能报知遇之恩也！"

先主谓众官曰："朕已托孤于丞相，令嗣子以父事之。卿等俱不可怠慢，以负朕望。"又嘱赵云曰："朕与卿于患难之中，相从到今，不想于此地分别。卿可想朕故交，早晚看觑吾子，勿负朕言。"云泣拜曰："臣敢不效犬马之劳！"先主又谓众官曰："卿等众官，朕不能一一分嘱，愿皆自爱。"言毕，驾崩，寿六十三岁。时章武三年夏四月二十四日也。后杜工部有诗叹曰：

蜀主窥吴向三峡，崩年亦在永安宫。
翠华想像空山外，玉殿虚无野寺中。
古庙杉松巢水鹤，岁时伏腊走村翁。
武侯祠屋长邻近，一体君臣祭祀同。

单元学习任务

任务一

千秋诸葛我评说。诸葛亮“报先帝而忠陛下”的诚挚，缘于先帝的三顾之恩、托孤之重，他鞠躬尽瘁、死而后已，用毕生心血履行着自己的职责。在公众眼里，诸葛亮是智慧的化身，历来为人们所称颂，西晋张辅在《名士优劣论》中盛赞诸葛亮：“岂徒乐毅为伍哉？”请你结合阅读本单元文章时感受最深的一点，以“我眼中的诸葛亮”为题写一篇小作文，说说诸葛亮备受推崇的原因。

任务二

《白帝城托孤》中，刘备曾语于诸葛亮：“君才十倍曹丕，必能安邦定国，终定大事。若嗣子可辅，则辅之；如其不才，君可自为成都之主。”如果你是诸葛亮的好友，你会劝他继续辅佐刘禅，还是取而代之？请结合本单元文章内容及历史资料，谈谈自己的观点。

我的观点	我的理由
继续辅佐	
取而代之	

诗苑词坛

赏传统诗词，寻文化基因，品生活之美，我们从佳作名篇的字里行间感受着作者对大自然的憧憬、对生活的热爱、对生命的赞美，体悟着他们豁达的人生观、严谨的学术观，如同与名家促膝而谈，可以获得心灵的净化和精神境界的提升。

学习本单元文章，要注意把握古诗文的意蕴，反复吟咏，感悟诗人的情怀，还要注意在诵读中增强语感，积累常见的文言词语。

1. 山坡羊·未央怀古

⊙〔元〕张养浩

三杰[①]当日，俱曾此地，殷勤纳谏[②]论兴废。见遗基[③]，怎不伤悲！山河犹带英雄气。试上最高处闲坐地：东，也在图画里；西，也在图画里。

学习提示

天历二年（1329），关中大旱，张养浩被召为陕西行台中丞，前往赈灾。赈灾期间，他登未央宫，写下这首小令，以三杰的建功立业与自己的壮志未酬、三杰殷勤进谏论兴废的盛况与现在只剩遗基的凄凉进行对比，起伏跌宕，韵味悠长。

《山坡羊·未央怀古》与《山坡羊·潼关怀古》一样，都是小令，其中，“怀古”指游览古迹而触发感慨。大声诵读这首小令，感受其中蕴含的作者情怀。

① 三杰：指汉代张良、萧何、韩信三人，他们帮助刘邦统一天下。

② 纳谏：这里是进谏之意。

③ 遗基：指残留的未央宫废墟。

2. 金陵驿二首（其一）

⊙〔宋〕文天祥

草合[①]离宫[②]转夕晖，孤云飘泊复何依！
山河风景元无异，城郭人民半已非。
满地芦花和我老，旧家燕子傍谁飞？
从今别却[③]江南路，化作啼鹃带血[④]归。

学习提示

祥兴元年（1278），文天祥被俘，这首诗是他次年被押赴元都燕京（今北京）途经金陵（今南京）时所作。这首诗既悲壮、沉痛，又秀腴、典雅。

反复诵读，感受文天祥以死报国的决心和忠心，尤其要注意品读尾联的抒情方式。

① 草合：草已长满。

② 离宫：皇帝出巡时临时居住的地方，即行宫。金陵是宋朝的陪都，所以有离宫。

③ 别却：离开。

④ 啼鹃带血：用古蜀国国王死后化为杜鹃鸟啼血的典故暗喻北行以死殉国，只有魂魄归来。

1. 桂枝香·金陵怀古

⊙〔宋〕王安石

登临送目，正故国[①]晚秋，天气初肃。千里澄江似练，翠峰如簇。征帆去棹[②]残阳里，背西风、酒旗斜矗。彩舟云淡，星河鹭起[③]，画图难足[④]。

念往昔，繁华竞逐，叹门外楼头，悲恨相续[⑤]。千古凭高对此，谩嗟荣辱[⑥]。六朝[⑦]旧事随流水，但寒烟、芳草凝绿。至今商女，时时犹唱，后庭遗曲。

---

① 故国：旧时的都城，此处指金陵。

② 去棹（zhào）：往来的船只。棹，划船的一种工具，形似桨，也可引申为船。

③ 星河鹭（lù）起：白鹭从水中沙洲上飞起。星河，银河，这里指长江。

④ 画图难足：用图画也难以完美地表现它。

⑤ 悲恨相续：指亡国悲剧连续发生。

⑥ 谩嗟荣辱：空叹什么荣耀耻辱。

⑦ 六朝：指三国吴、东晋、南朝宋、南朝齐、南朝梁、南朝陈六个朝代。它们都建都金陵。

2. 闻武均州报已复西京

⊙〔宋〕陆游

白发将军[①]亦壮哉，西京昨夜捷书来。
胡儿[②]敢作千年计，天意宁知一日回。
列圣[③]仁恩深雨露，中兴赦令疾风雷。
悬知[④]寒食朝陵使[⑤]，驿路梨花处处开。

---

① 白发将军：指武巨。

② 胡儿：指金人。

③ 列圣：宋王朝已故的诸帝。

④ 悬知：预测，推想。

⑤ 朝陵使：朝祭北宋诸帝陵墓的使者。

3. 战城南

⊙〔唐〕卢照邻

将军出紫塞[①]，冒顿[②]在乌贪[③]。
笳喧[④]雁门北，阵翼[⑤]龙城[⑥]南。
雕弓夜宛转[⑦]，铁骑晓参驔[⑧]。
应须驻白日[⑨]，为待战方酣。

---

① 紫塞：指长城。崔豹《古今注》卷上："秦筑长城，土色皆紫，汉塞亦然，故称紫塞焉。"

② 冒顿（mò dú）：即冒顿单于，秦末汉初匈奴的首领，这里泛指敌酋。

③ 乌贪：汉代西域国名，乌贪訾离国的省称，这里借指敌人的根据地。

④ 笳喧：胡笳的弹奏声。

⑤ 阵翼：战阵的两侧。

⑥ 龙城：这里借指敌方的首府。

⑦ 宛转：这里指雕弓发出的鸣声抑扬动听。

⑧ 参驔：这里指骑兵紧跟着进攻。驔，一作"潭"。

⑨ 驻白日：用鲁阳挥戈退日的典故。鲁阳，鲁阳公，战国时楚之县公，传说他曾挥戈使太阳退回。

单元学习任务

任务一

李方同学想编辑一本名为《豪放情怀——经典爱国诗赏析》的诗集作为初中毕业的特别纪念，请你从本单元的作品中推荐一首，写出推荐理由，并帮他设计诗集封面。

封面	推荐篇目	推荐理由

任务二

爱国是永恒不变的主题，青少年要志存高远，脚踏实地，争做时代新人。学校要举行“爱国心·报国情·强国志”古典诗歌征文活动，要求征文必须符合诗词格律要求。你也来试着写一首吧。

独特新奇

作文最忌千人一面、千篇一律，最喜不落俗套、独特新奇。作者有高境界、真性情和真趣味，就能在他人习焉不察的地方有所发现。学会在熟悉的地方发现新意，尝试不同寻常的写法，才能有创意地表达，凸显个性。

本单元精选了两篇优秀的学生习作：《冬季快乐》的作者以书信的形式，和自己的灵魂展开了一场对话；《她》一文的时代气息浓厚，将传统的母爱主题写出了新意。这两篇优秀作品或选材新颖，或角度独特，都值得我们品读、学习。

1. 冬季快乐

⊙董彦伶

亲爱的L：

见信如晤。

请允许我擅自把冬季作为四季的开始，在今天这个特别的日子——冬至，向你送至最真挚的祝福。

冬季快乐！

这个世界上没有谁比自己更了解自己了，对吧？你这个似乎还不曾成长的幼童蜷缩在心底一角，拒绝迎接冬季的拥抱。这正是我急于和你分享的，请静下心来，仔细倾听我，你的灵魂在与你对话。

这是一封和自己的灵魂对话的信，请仔细体会文字背后的巧思。

如果说冬季正是一个这样的时令：有凛冽着大摇大摆的寒风，有沁骨冰凉却晶莹的雪，那么我知道，你人生的起点便是这副模样：相貌平平，家境普通，有疼爱你的父母，和滋生在心底的自卑。

我仍清楚地记得那年你从领唱队伍中落选而郁郁不平，那似乎是第一个冬季吧。你把自己闷在屋子里。获选的那个姑娘笑得很漂亮，于是你抱怨，唾弃自己的长相。宝贝，我想说，生为一株草又如何呢？人生的起跑线可以输，因为你得服气天资，但是天资有限便是弃子吗？草，也要活得骄傲。是，我们是草，所以我们不屈地生长，所以我们热烈地追求阳光。只有在你最美丽的时候，世界才是美丽的。冬季快乐，学会与自己和解。

第一个“冬季”：自卑。“学会与自己和解。”

那么，祝贺你在第二个冬季行走，那是生命最独特最有价值的寻找。世间一切白茫茫真干净，迷惘也终于让你失了魂。近来你变得有些刻薄，为什么？我将问题抛给你，希望你反思自己，寻个明白。“人生罪大恶极莫过于肤浅。不论什么，领悟便是了。”我将这句名言捧着送给你。我们不能改变世界，却能做更好的自己。抬头看看，天空深远，人总是仰望着前进。不平的现状还有讨厌的学习。亲爱的，似乎你将要变成一个浑身扎第二个“冬季”：迷惘。深思学习的意义。

满毒针的怪物啦。学习和考试根本不是功利性的，你还不明白吗？积极向上是为了证明自己的努力和决心，学的什么、怎么学反映的是做人的态度。那么为什么要努力上进？是因为不甘，因为人生太短暂了。青春从指尖悄悄溜走，我们一定要从世界上带走些什么，留下些什么。在冬季里奔跑吧，往前跑，哪怕只是凭着惯性向前。终有一天，你一定会在深深浅浅的脚印中找到方向。冬季后，是葳蕤的春，蓬勃的夏，还有硕果累累的秋，轻笑着说：“冬季快乐。”

你一定嫌弃我的啰唆了。我似乎能猜到你的表情，是苦笑。因为你在几个月前伤了脚，而今体育成绩的惨淡如同现在的天，灰蒙蒙，淋得人的心要结成冰了。抱歉，且让我把挫折比作最后一个冬季，好吗？

第三个“冬季”：挫折。汲取力量，笑对坎坷。

闭上眼，慢慢地回忆两年前那次放风筝的经历。还记得那时手中握的是什么吗？不是轮子，而是刻刀。你忘记带轮轴，于是只听见四下同学的欢笑。是子澈猛地将你推醒，用手中的小刻刀为你铸就了风筝的梦。她笑着，递给你捆好的线：“不要紧的，换种方式一样可以飞上天。”飞上天的，是风筝，同样是你，你们。体能的恢复不过是需要更辛勤的练习罢了。只要可以“飞”，哪种办法不可一试？譬如鲲，生而为鱼又如何？最终化而为鸟，抟扶摇而上九万里，凭借六月长风渡往南海。

对《北冥有鱼》的巧妙借鉴。

明天是晴天，天气规律就是这样。阳光总在风雨后。冬季来了，春天还会远吗？如果你是草，便更应欣喜地面对未来，拥抱冬季。毕竟在滋润土地的瑞雪中，你会汲取到充分的甚至是涨溢的养分。

停下来，起身去煮碗饺子填满自己的胃和心，在热气氤氲中，对自己说：

“冬季快乐。”

你熟悉而又陌生的

另一个自己

2. 她

⊙施星宇

你说：“妈，我们出去吃吧！”

她背对着你，手里正抓着一把新鲜蔬菜，放在水龙头下认真冲洗。每片菜叶上的泥垢都被很小心地剔除，再用清水洗净，放在篮子里。她对你的话无动于衷。

你心里明白，她还是坚持自己做饭。每到周末，她总要起个大早去菜市场拎回几个大袋子，肉蛋蔬果样样齐全，手指被勒出深深的印痕，只为给她辛苦学习的儿子做一顿丰盛的午饭。她做菜时很精细，每片菜叶都慢慢择，每粒米都细细淘；她会放很少的油，因为新闻里说，吃油多了对身体不好；她会绞尽脑汁琢磨如何配菜，儿子喜欢吃的和有益健康却不那么可口的，一定要混搭。

这些事你都明白。可是今天你偏偏心情不好，平日里的体恤不见了。你只想吃学校后门不远处的精品寿司。你想念糯米的柔软和海苔的鲜香，想趁着周末任性一把。

“我们出去吃好不好？”

她仍旧背对着你，强烈的阳光从窗外投进来，映出她头发的轮廓。她仍弯着腰洗菜。

你想起上次和她争吵的情景。

“妈，我想出去吃火锅。”

“算了吧。火锅里放的好多是化学添加调料，总吃对身体不好。”

“可是，我没有总吃呀。”

“今天就算了，你看我已经买了这么多菜……”

“我不！你老是用这种理由搪塞我——”

“下次，下次好吗？”

“我真的搞不懂你，费尽心思做菜还得不到别人的肯定，真是吃力不讨好！别老跟我说健康健康健康，别人天天在外面吃也没出什么事……”

她一言不发。

任性的你再也不能忍受这种沉默，你大喊：“妈！你说句话！”

原以为她会像以往一样一口回绝，不料她突然抬起头，用很柔弱的目光看着你。这目光里含着一丝忧郁、一丝无奈、一丝怯懦，完全收起平日的凌厉，却令你心神不安。你从她的眼睛里读出了被顶撞的苦涩和失望，读出了时光的衰老，你心里汹涌着的戾气一下子消失了。她好像看穿了你的内心，眼里的忧伤击碎你所有的壁垒，突然的屈服和顺从让你的内心充满自责。

那一刻，你真想说：“妈，我们不去了。”可这次她说：“好。”

她居然答应了。

你不知所措地站在原地，好像突然闻到她做的饭菜的香气……她做的饭菜是那么香甜可口，而你平时却未曾留意。爸爸总夸她做的菜很精细，你也觉得，她烹调的西红柿炖牛腩胜过任何餐馆的招牌菜。

你好像逐渐明白，为什么背负两代人生活重担的她，情愿每天花费一小时挤在晚高峰的公交车上赶到市区，只为给儿子做一顿可口的晚饭。生活节奏越来越快，而她在用自己的方式执拗地抵御着高效率的冰冷。家常饭菜里，氤氲着母性的温暖。

你想挽回刚才的鲁莽，说：“妈，我们不去了。”可她已从容地换好衣服，拿着钱包，优雅地站在门口等你。

几天后，你借用她的手机时，发现一向干练的她新下载了一个应用程序：寿司做法大全。

中国精神

曾经，“我以我血荐轩辕”，在中华民族生死存亡的岁月里，无数中华儿女浴血奋战，彰显了以爱国主义为核心的民族精神。

而今，我们自强不息，厚德载物，在中华民族伟大复兴的进程中，众多先锋楷模勇担重任，践行着以改革创新为核心的时代精神。

由此而焕发出的凝聚力和感召力，铸成不折不挠、勇往直前的中国精神，生生不息、薪火相传。

伟大的中国精神必将引领我们实现中华民族的伟大复兴！

1. 青春少数派，他们站立的地方是中国

⊙陈卓　王景烁

一种青春和另一种青春之间，可能隔着几千公里。至少我们确实走了这么多的路，才见到那些年轻面孔。

2019 年，即将第 100 次念及“五四”这个日子的时候，中国青年报社和湖南广播电视台要一起寻找不同领域的年轻人，以及留在他们身上的百年间爱国与奋斗的印迹。

5 月 2 日，两家机构共同举办的“新青年　耀青春”——纪念五四运动 100 周年文艺晚会上，这些最终站在聚光灯下的年轻人里，有的登上了中国科幻电影的巅峰，有的在现实中把一项技术做到了当之无愧的世界第一。他们有人认为在竞技场追逐奖牌是自己的使命，也有人觉得安静地修复文物才是最美好的工作。在人生的初始阶段，每个人努力把自己推进一个与众不同的轨道，只是，藏在西藏山沟里的故事走得更远。

在西藏一个叫陇的地方，有一群年轻人守卫着中国的边境。某种意义上，他们就是一个大国的屏障。

他们所属的西藏军区某部边防团六连驻守在无人区。最近的

村庄距离他们也有至少一个小时的车程，大多数新鲜的事物到这里困难重重。

为了找到他们，我们从北京出发坐了大约 4 个小时的飞机，然后在青藏高原颠簸的山路上行驶了几乎一整天。其中一段，车子像是走在搓衣板上。

很多我们熟悉的年轻人的生活方式，都没能翻越高山进入这里。经年累月伴随这些二三十岁小伙子的，是日复一日的训练和固定不变的巡逻。张扬、个性，这些几乎所有青春故事里都通用的词语从他们的故事里被剔除了，平安无事才是他们最大的期盼。

他们中很多人的模样已经不像同龄的年轻人了。强烈的射线和多变的天气重塑了他们的面貌，即使刚入伍的孩子，也可能有一张饱经风霜的脸。“高原红”爬满了脸，发际线不断退守。

他们也有紧张刺激的时刻，比如面对坡度接近直角的山，比如负重七八十斤，走过海拔落差超过 2000 米的路。再或者，脚底打滑后，尖锐的竹子差点刺穿咽喉。

在此之前，《中国青年报》记录了他们的故事。如今，纪念那些 100 年前为国家愤而呼喊的年轻人时，我们又想到了他们。

那篇文章的名字是《我站立的地方》。在巡逻路的终点，这些年轻的官兵会喊出一些口号，宣示主权。其中一次，指挥官喊了一句“我们站立的地方是——”，众人高声回答“中国”。

他们的一条巡逻路叫“阿相比拉”，意思是魔鬼都不愿意去的地方。这条悬挂于绝壁之上的巡逻路，37 处险隘需借助攀登绳，

26 处崖壁需架设悬梯，全程有 200 多处危险地段。

这是真的会带来牺牲的危险。这个连队成立至今，有据可查的烈士有 14 位，因公牺牲者远多于此。但是，这里的年轻人还是把巡逻当成一件光荣和自豪的事。每次巡逻要开始前，都有人写申请书。这些字迹歪歪扭扭的纸张，连长随便都能拿出一摞。

炊事班的一名战士说，他也写过申请书。但他每天都要切菜做饭，体能训练跟不上。于是，每天晚上把菜切完了，他会做俯卧撑、仰卧起坐，或者围着操场跑几圈。入伍第 3 年的杜富国也曾受体能困扰，他的经验是在别人睡觉时给自己加练，然后平时锻炼的时候，也要让自己比别人多做几倍。

这是属于年轻人的倔强。他们都是听着“巡逻王”“铁脚”的故事走进这个连队的，也希望自己“巡逻了多少多少次”的事情，能在以后更年轻的战士中流传。

没有人是对危险毫无感知的。这些孩子都从前辈的叙述中，或者迎面扑来的风沙里，感受到了环境的不友好。但是，每年这里都要多几个新鲜面孔。

杜富强是高考结束后报名参军的。接到征兵通知的时候，他已经是老家贵州一所大学的学生了。他第一次参加巡逻就差点因为手滑掉下悬梯，下面就是奔腾的河水。

我们在连队拍摄的时候，这里即将迎来更年轻的面孔。2017 年，这里开始有了第一批“00 后”，如今越来越多“00 后”出现在这支队伍里。这里的一位“00 后”战士说，在他看来，“0”

代表从新开始、从头开始。

“新青年　耀青春”晚会执行导演、负责西藏军区边防战士故事外拍部分的董鑫磊说，在这里拍了7天以后才发现，和之前大多数人的想象不一样，这些到中国边陲的年轻人中不少人家庭条件不错。

他们必须忍受危险，还有日常的考验。2017年入伍的“00后”匡扬武至今还没有回过家，基本上每次和家里人视频通话的时候，家里人的眼泪就在眼眶子里，实在憋不住的时候，他们就把视频给关了。去年吃年夜饭的时候，爸爸话说了一半突然把电话挂了。他知道父亲在哭，他也躲在角落里想哭。

回家的愿望不是随时随地都能被满足。错过孩子出生的那一刻，或者家人离世前没赶上见最后一面的遗憾藏在很多人心里。

来自西藏日喀则的战士次仁顿珠8年只回过一次家。但是，他说，他最相信的是自己守好这里，就守好了自己的家。

五四运动100周年到来之前，中国青年报社发起“我宣誓，你接力”的百万青年宣誓活动。誓言从辽宁舰传递到西昌卫星发射基地，从北大红楼，传递到了各地大学生中间。

守在边境的这些年轻人也参加了宣誓。这些中国青年高喊出：“百年传承，今日到我，激荡未来，壮志在我，青春万岁，强国有我！”群山回应着他们的呐喊。

这里的山峰很多都没有名字。但它们并非微不足道，而是一起构成了这里雄伟的地貌。山峰下的年轻人也是一样，我们不可能记录下所有人的名字和故事，但是我们确实知道，这些年轻的生命，一起构成了一道可靠的屏障。

1984 年 1 月 15 日，时任西藏军区司令员张贵荣勘察边路时，突发疾病，手攥马尾长眠于此。此后的 1991 年、1998 年、2005 年，每隔 7 年，这条巡逻道上都有人牺牲。战士古怒牺牲于 2005 年，出事那天，巡逻官兵突遇泥石流。古怒一把推开身边的战友，自己却被滚石砸中，跌落山崖。那时，他只有 19 岁，入伍 19 个月。

曾在这里任营长的余刚清楚地记得古怒刚牺牲的时候，他的妈妈在墓前突然情绪失控，一定要把孩子从泥土里挖出来，最后余刚不得不把这位母亲背下了山。如今，这位母亲已经 6 次翻越 5000 多米的高山来这里祭奠儿子。最近的一次是在 2019 年的清明节。古怒妈妈来的时候，连队的孩子们打出大大的条幅，一起叫她“妈妈”。这是他们能给这位老人最大的安慰。

比牺牲更常见的是受伤。余刚在这里是老资历了，从战士到营长，大大小小的巡逻走了 60 多次，也在他的身上留下了 10 多处伤。副营长杨祥国更多，有 21 处。但是他说，即使在回家探亲的时候见到国旗，都会条件反射一样联想到那些巡逻路线。

在 5 月 2 日的晚会上，4 名来自陇的战士来到了现场。在舞台上，他们展开巡逻时用的国旗，大声和现场的青年一起宣誓。这场晚会的制片人王琴说，整场晚会中，这些战士的分量最重、能量最强，是因为他们的青春始终与牺牲这个词相伴。

舞台下，长沙师范学院一名大一的学生说，自己接收到了这种能量。这位2000年出生的年轻人，今年还未满19岁。在此之前，他对西藏全部的了解是“山清水秀”，看完节目，他也刷新了自己对西藏和边防战士的认知。

他说，在生活水平提升的当今，身边不少年轻人却已迷失了自我，这些战士让他有种找回初心的感觉。

4名战士中，有“80后”“90后”，也有“00后”。他们跨越了青年的全部范围。而作为“70后”，余刚已经退役了。4月12日，在团部举行的军官退役仪式上，他和其他退役军官一起，向军旗敬了最后一个军礼，在这里告别了自己的青春。

（选自2019年5月5日《中国青年报》第3版）

2. 世界上最缓慢的微笑

⊙毕淑敏

关键词：爱心　精神　希望　磨难　坚强

受邀到一家医院去看望四川大地震被救出的孩子，他们都已被截肢，生理和心理上都需要援助。

我说，要去看孩子们，该带些什么礼物呢？

邀请方说，他们什么都不缺，快被各式各样的慰问物品埋起来了。您只要带上问候和心理帮助就成了。

这后两样东西当然是要带的，可是，我还是坚持认为一定要带上礼物。马上就要过六一了，这是孩子们盼了很久的节日，我没法空着手去见孩子们。

只是，什么礼物好呢？

思谋着。原本想带上鲜花。一转念，现在天这么热，鲜花是很容易枯萎的。身心受伤的孩子们，眼睁睁地看着五彩缤纷的花瓣凋零，心里不好受，也许会引起连绵的凄楚。人并不因为年幼，就不知伤感，我一定要小心。再说，来自山南海北纷繁盛开的花束，花粉混杂，容易引起过敏，于孩子们的康复不利。

鲜花被否。

食物和营养品呢？想起那句“物品埋人”的话，估计其中的主角必是形形色色的补品，我就不要床上架屋了。

先生见我发愁，出主意说，要不，你送上几本自己的书吧，签了名留给他们作纪念。

我说，你以为你是谁啊？我已经打过电话询问，其中有个孩子才5岁，还没上学，这不是强人所难吗！大些的孩子虽然上中学了，可手臂被截，一时半会儿的，哪里学得会只用一手翻书？仅剩的一只手上还有伤，这不是引得人家劳累吗！毁眼睛。馊主意。

先生说，这也送不得，那也送不得，你到底怎么办？

我说，若是咱们现在变小，不断地小下去，直到变成一个小小孩童，你最希望干什么呢？

先生说，当然是可着劲玩了。只可惜，他们没法玩了。

我反驳，谁说躺在床上就不能玩？现在，我想出来主意了，咱们买玩具！

于是，我和先生跑遍了北京的商场。我们的孩子早已成人，这些年来，我们再没有瞄过一眼玩具市场，如今像两个老顽童，在玩具柜台拥来挤去，指手画脚地让人家拿了这个拿那个，挑拣不停。

太大的玩具，病房里耍起来，医生会埋怨的。太复杂的玩具，失去了手脚的孩子恐怕摆弄不了，便心生沮丧。太需用力量的玩具，他们羸弱的身体难以承受。太没个性的玩具，又怕孩子们了无兴趣……唉，难啊。

我们快马加鞭地把自己修炼成了玩具专家。功夫不负苦心人啊，沙里淘金，终于找到了一款又安全又有趣又个性化又有丰富变化的玩具。

它们是绒布做成的动物。摸上去，有一种绵软的绒毛感，亲近安稳。想这些孩子，曾在如山的砖瓦水泥砸压下苦等待援，一定怕极了冰冷坚硬。这种反其道而行之的茸茸质感，该是他们的喜欢。记得我以前看过一则动物实验，说是人们给失去母亲的小猴子两个代用妈妈，一个是塑料做的，一个是棉花做的。其余的部分都一样，都有奶瓶可以喂养小猴子。结果是小猴子们天天围在棉花“妈妈”周围，不理睬硬邦邦的塑料“养母”。

玩偶的背后有一道拉锁，打开之后有一电池箱和电路板。好在这些机关通常是看不到的，都藏在玩偶们憨态可掬的肚子里。这组“设备”的功劳就是让毛绒玩具有了会说话的本领。

你只要轻轻按一下玩偶们的左手，就可以开始录音了，时间大约1分钟，说得快些可录下三四句话。然后就是滴滴的警报声，录音终止。录好音后，你捏捏玩偶的右手，机关被触发，玩偶就把刚才录下的声音复播出来，好像一只忠实的鹦鹉。

简言之，这是一个微型的录音装置，可以录下短暂留言，在必要的时候重复播放出来。

这玩具让我们老两口如获至宝。我忙不迭地说，要这一个，再要那一个，对了，还要那边的一个……

售货员是个爱说话的姑娘，她说，您这是给孙子买啊?

我和先生相视一笑，说，是啊，快过六一了。

售货员说，您好福气啊，孙子好多啊。

我说，是啊是啊。买少了，分不过来，会打架喽。

回到家来，我对先生说，一会儿我在房间里自说自话，你不要大惊小怪。

我关上房门，对着一个个玩偶，配置录音。直到这时，我才发现自己有个致命疏忽——我不知道这几位地震截肢孩童的名字。想打电话去问，一看表，时间已经很晚了，负责联系的同志很可能已经休息了。

于是我决定先录下一般的问候，例如：“北川中学的小朋友，你好！北京欢迎你。祝你六一儿童节快乐开心！”

如果明天我没有时间问孩子们的具体名姓再重新录制，就只有这样播出。我要做好两手准备。

我抱着玩偶们，不断地录，不断地听。刚开始没经验，话说得太多了，满腔关切还没倾诉完，滴滴声就毫不留情地掐断了我的问候语，只有重来。不料下一次矫枉过正，又说得太短了，时间上留有空白，显得热情不够。一番周折之后，时间上大致没毛病了，我又悲哀地发觉自己的声音太老迈了，完全不具备少年们喜爱的欢愉和活泼。

我决定改换风格，尽量把发音卡通化，走欢蹦乱跳的青春路线。不多时先生破门而入，惊愕地问，毕淑敏，你没什么不舒服吧？

我被吓了一跳，恼火道，不是跟你打过招呼了吗？听到某种异常动静不要大惊小怪。

先生说，可这也太令人惊奇了。我认识你几十年了，从来没听过你用这种语调说过话。

我不理他，专心干自己的活儿。半夜三更之时，总算把配音这事完工了。

5 月 28 日，我早早赶到了医院，真不错，大家还没来，我还能有一点时间完成预定计划。我把孩子们的名字写在手上，以防自己一紧张说错了。躲到医院的会议室里，把玩偶从精心买的礼品袋里取出来，再次一一为它们录音。

对着黑白相间的大熊猫玩偶，我说："×××小朋友！你好！我也是从四川来的，从此咱们是好朋友！六一节快乐！"

"×××"，是这个截肢小朋友的名字。

我觉得呼唤一个人的名字，有一种特别重要的意义。那是在执拗地提醒一个存在，强烈地标明一种独立，象征一种至高无上的尊严，表达一份如火如荼的期望。即使是对于一个非常幼小的孩子来说，名字也意味着这个世界上独属于他的精神意识。

这一刻，我最遗憾自己嘴太笨，不会说四川话。若是小朋友听到乡音，一定倍感亲近。

当我走进病房，第一眼看到这些孩子们的时候，尽管我当过 8 年军医，是总计 20 年医龄的大夫，尽管我对即将到来的残酷，已经做了最大可能的思想准备，尽管我不停地对自己说，毕淑敏，你不可以哭，为了孩子们的福祉，你必须要保持镇定安之若素。他们需要从我们成年人身上看到力量，看到希望，所有的惊慌失措都不可饶恕……可我还是错愕得肝肠寸断！我只有拼命调动起全部的精神，维持最基本的平静。

有一瞬间，我觉得躺在病床上的不是真实的孩子，是一些白绸折叠起的布娃娃。因为只有在摔碎的布娃娃身上，我们才曾看到这样的断壁残垣。

可他们静静地凝视着我们，那轻轻的呼吸，证明着生命的顽强存在。

这是被苦难之咽凶残嚼碎的天使，又被仁爱之手拼缀起来的残缺的羽毛。

那黑若点漆的眸子，曾见识过最暗无天日的深渊。

那宣纸般柔弱的身躯，曾背负过天崩地裂的塌陷。

那已永远离去的肢体，曾忍受过锥心刺骨的碾磨。

那跳动着的小小心脏，还要黏合多少次才能修复完好如初？

……

当我把录音玩偶拿给他们的时候，他们的眼睛闪过光芒。我托起他们的小手，让他们揿动机关，那手指细弱得像一截断筷。当他们听到从玩偶肚子里发出响亮声音时，他们的嘴唇微微地上翘了。当玩偶说出他们的名字时，孩子们无比惊奇地睁大了眼睛。当玩偶说出祝福的话语时，孩子们终于静静悄无声息地微笑了。

近在咫尺。这是我一生所看到的最为缓慢的笑容，无比脆弱，像一个帝企鹅的蛋在冰天雪地经过长久的孵化，终于探出小小的额头。然而这微笑又如此强韧，一经绽放，它就动人心魄地灿烂起来，携带着抵挡不住的芬芳。

我匆匆走出了病房，因为我再也控制不了滚滚而下的泪水。不是因为他们的悲惨，而是因为他们的坚强。

负责对孩子们进行心理治疗的协和医学院杨霞研究员说，孩子们正在不断地康复中。她讲到：其中一个小姑娘说，马上就要到六一儿童节了，我们少年儿童要……

话说到这里，小姑娘突然改口了，说，我们残疾少年儿童要……

这是多么感人至深的改口啊！

从 5 月 12 日 14 时 28 分他们被埋入废墟，黑暗中的煎熬，肉体的断裂，目睹同学在眼前死去，饥寒交迫，截肢，感染，创伤，高烧，颠簸……这无尽的苦难，铺成了一条怎样尸横遍野血肉模糊的路啊！小姑娘却用没有腿脚的下肢走过来了，留下一串串透明的小小脚印。她完成了从震惊、恐惧、否认、愤怒、孤独、抑郁到“接受现实”的阶段，她走得多么快啊，像一缕旷野中的清风，其速度是我们成年人都追赶不上的。

她还会有很多反复，很多磨难，但是，她的微笑告诉我们，这一切都会一寸寸翻过去，直到新的篇章翩然展开。

原谅我只能提供我在医院给孩子们的留言簿上写一句话的图

片。我不能让那些孩子的影像出现，为了保护他们的隐私。

我就要出发到四川去。到绵阳去。6月1日，在北川中学有一场演讲。

先生说，绵阳是一座危城。余震。堰塞湖。如果发生溃堤，你是第一批还是第二批撤离呢?

我说，你不用担心。我想和你说的只有一句话，万一发生了什么事，比如我死了（本来我想用“牺牲”这样庄严的字眼，又一想，一介草民，没那么高尚，还是老老实实地说“死”吧，简单明了），不管死相多么惨，这可不是我的责任，我也管不了那么多了。就算成了警匪电影中常说的那句“让你死得很难看”，我也是鞭长莫及无能为力了。我要告诉你的就是——请你坚信我在最后时分一定很安详，因为这是我愿意做的事。因为我已尽力。

整本书阅读

茶馆

⊙老　舍

阅读导航

话剧《茶馆》是中国话剧史上的经典。一个大茶馆就是一个小社会。在老北京一家叫“裕泰”的茶馆里，三个时代发生的不同事情，在老舍的笔下都成了当时社会的缩影。

《茶馆》全剧共有三幕：第一幕写的是清朝末年的事情；第二幕反映的是辛亥革命后军阀混战时期的北京现状；第三幕讲述的是抗战胜利后的社会情况。它以简洁清新、洒脱幽默，适当穿插北京地方方言的语言，塑造了七十多个人物和一系列小故事，描写了北京五十年的变迁。正如舒乙所说：“《茶馆》的伟大之处不仅仅在同情，不仅仅是怜悯，而是道出了他们悲剧的命运，道出了社会的局限性和人们精神的局限性。”

“裕泰”茶馆中的事情，随着时代的发展，或许已被人遗忘得一干二净；但是，它的价值，却会被烙在时代的警钟上，被人们永远铭记！

精彩选篇

第一幕（节选）

人物　王利发　刘麻子　庞太监　唐铁嘴　康六　小牛儿　松二爷　黄胖子　宋恩子　常四爷　秦仲义　吴祥子　李三　老人　康顺子　二德子　乡妇　茶客甲、乙、丙、丁　马五爷　小妞　茶房一二人

时间　一八九八年（戊戌）初秋，康梁等的维新运动失败了。早半天。

地点　北京，裕泰大茶馆。

幕启：这种大茶馆现在已经不见了。在几十年前，每城都起码有一处。这里卖茶，也卖简单的点心与菜饭。玩鸟的人们，每天在遛够了画眉、黄鸟等之后，要到这里歇歇腿，喝喝茶，并使鸟儿表演歌唱。商议事情的，说媒拉纤的，也到这里来。那年月，时常有打群架的，但是总会有朋友出头给双方调解：三五十口子打手，经调人东说西说，便都喝碗茶，吃碗烂肉面（大茶馆特殊的食品，价钱便宜，做起来快当），就可以化干戈为玉帛了。总之，这是当日非常重要的地方，有事无事都可以来坐半天。

我们现在就要看见这样的一座茶馆。

一进门是柜台与炉灶——为省点事，我们的舞台上可以不要炉灶，后面有些锅勺的响声也就够了。屋子非常高大，摆着长桌与方桌，长凳与小凳，都是茶座儿。隔窗可见后院，高搭着凉

棚，棚下也有茶座儿。屋里和凉棚下都有挂鸟笼的地方。各处都贴着“莫谈国事”的纸条。

有两位茶客，不知姓名，正眯着眼，摇着头，拍板低唱。有两三位茶客，也不知姓名，正入神地欣赏瓦罐里的蟋蟀。两位穿灰色大衫的——宋恩子与吴祥子，正低声地谈话，看样子他们是北衙门的办案的（侦缉）。

王利发 唐先生，你外边遛遛吧！

唐铁嘴 （惨笑）王掌柜，捧捧唐铁嘴吧！送给我碗茶喝，我就先给您相相面吧！手相奉送，不取分文！（不容分说，拉过王利发的手来）今年是光绪二十四年，戊戌。您贵庚是……

王利发 （夺回手去）算了吧，我送给你一碗茶喝，你就甭卖那套生意口啦！用不着相面，咱们既在江湖内，都是苦命人！（由柜台内走出，让唐铁嘴坐下）坐下！我告诉你，你要是不戒了大烟，就永远交不了好运！这是我的相法，比你的更灵验！

松二爷和常四爷都提着鸟笼进来，王利发向他们打招呼。他们先把鸟笼子挂好，找地方坐下。松二爷文绉绉的，提着小黄鸟笼；常四爷雄赳赳的，提着大而高的画眉笼。茶房李三赶紧过来，沏上盖碗茶。他们自带茶叶。茶沏好，松二爷、常四爷向邻近的茶座让了让。

松二爷
常四爷 您喝这个！（然后，往后院看了看）

松二爷 好像又有事儿？

常四爷 反正打不起来！要真打的话，早到城外头去啦。到茶馆来干吗？

二德子，一位打手，恰好进来，听见了常四爷的话。

二德子 （凑过去）你这是对谁甩闲话呢？

常四爷 （不肯示弱）你问我哪？花钱喝茶，难道还叫谁管着吗？

松二爷 （打量了二德子一番）我说这位爷，您是营里当差的吧？来，坐下喝一碗，我们也都是外场人。

二德子 你管我当差不当差呢！

常四爷 要抖威风，跟洋人干去，洋人厉害！英法联军烧了圆明园，尊家吃着官饷，可没见您去冲锋打仗！

二德子 甭说打洋人不打，我先管教管教你！（要动手）

别的茶客依旧进行他们自己的事。王利发急忙跑过来。

王利发 哥儿们，都是街面上的朋友，有话好说。德爷，您后边坐！

二德子不听王利发的话，一下子把一个盖碗搂下桌去，摔碎。翻手要抓常四爷的脖领。

常四爷 （闪过）你要怎么着？

二德子 怎么着？我碰不了洋人，还碰不了你吗？

马五爷 （并未立起）二德子，你威风啊！

二德子 （四下扫视，看到马五爷）喲，马五爷，您在这儿哪？我可眼拙，没看见您！（过去请安）

马五爷 有什么事好好地说，干吗动不动地就讲打？

二德子　嗻！您说得对！我到后头坐坐去。李三，这儿的茶钱我候啦！（往后面走去）

常四爷　（凑过来，要对马五爷发牢骚）这位爷，您圣明，您给评评理！

马五爷　（立起来）我还有事，再见！（走出去）

纤手刘麻子领着康六进来。刘麻子先向松二爷、常四爷打招呼。

刘麻子　您二位真早班儿！（掏出鼻烟壶，倒烟）您试试这个！刚装来的，地道英国造，又细又纯！

常四爷　唉！连鼻烟也得从外洋来！这得往外流多少银子啊！

刘麻子　咱们大清国有的是金山银山，永远花不完！您坐着，我办点小事！（领康六找了个座儿）

李三拿过一碗茶来。

刘麻子　说说吧，十两银子行不行？你说干脆的！我忙，没工夫专伺候你！

康　六　刘爷！十五岁的大姑娘，就值十两银子吗？

刘麻子　卖到别处去，也许多拿一两八钱的，可是你又不肯！

康　六　那是我的亲女儿！我能够……

刘麻子　有女儿，你可养活不起，这怪谁呢？

康　六　那不是因为乡下种地的都没法子混了吗？一家大小要是一天能吃上一顿粥，我要还想卖女儿，我就不是人！

刘麻子　那是你们乡下的事，我管不着。我受你之托，叫你不吃亏，又叫你女儿有个吃饱饭的地方，这还不好吗？

康　六　到底给谁呢？

刘麻子　我一说，你必定从心眼里乐意！一位在宫里当差的！

康　六　宫里当差的谁要个乡下丫头呢？

刘麻子　那不是你女儿的命好吗？

康　六　谁呢？

刘麻子　庞总管！你也听说过庞总管吧？侍候着太后，红得不得了，连家里打醋的瓶子都是玛瑙做的！

康　六　刘大爷，把女儿给太监做老婆，我怎么对得起人呢？

刘麻子　卖女儿，无论怎么卖，也对不起女儿！你糊涂！你看，姑娘一过门，吃的是珍馐美味，穿的是绫罗绸缎，这不是造化吗？怎样，摇头不算点头算，来个干脆的！

康　六　自古以来，哪有……他就给十两银子？

刘麻子　找遍了你们全村儿，找得出十两银子找不出？在乡下，五斤白面就换个孩子，你不是不知道！

康　六　我，唉！我得跟姑娘商量一下！

刘麻子　告诉你，过了这个村可没有这个店，耽误了事可别怨我！快去快来！

康　六　唉！我一会儿就回来！

刘麻子　我在这儿等着你！

康六慢慢地走出去。

刘麻子　（凑到松二爷、常四爷这边来）乡下人真难办事，永远没有个痛痛快快！

松二爷 这号生意又不小吧？

刘麻子 也甜不到哪儿去，弄好了，赚个元宝！

常四爷 乡下是怎么了？会弄得这么卖儿卖女的！

刘麻子 谁知道！要不怎么说，就是一条狗也得托生在北京城里嘛！

常四爷 刘爷，您可真有个狠劲儿，给拉拢这路事！

刘麻子 我要不分心，他们还许找不到买主呢！（忙岔话）松二爷（掏出个小时表来），您看这个！

松二爷 （接表）好体面的小表！

刘麻子 您听听，咯噔咯噔地响！

松二爷 （听）这得多少钱？

刘麻子 您爱吗？就让给您！一句话，五两银子！您玩够了，不爱再要了，我还照数退钱！东西真地道，传家的玩意儿！

常四爷 我这儿正咂摸这个味儿：咱们一个人身上有多少洋玩意儿啊！老刘，就看你身上吧：洋鼻烟、洋表、洋缎大衫、洋布裤褂……

刘麻子 洋东西可真是漂亮呢！我要是穿一身土布，像个乡下脑壳，谁还理我呀！

常四爷 我老觉乎着咱们的大缎子，川绸，更体面！

刘麻子 松二爷，留下这个表吧，这年月，戴着这么好的洋表，会叫人另眼看待！是不是这么说，您哪？

松二爷 （真爱表，但又嫌贵）我……

刘麻子 您先戴几天，改日再给钱！

黄胖子进来。

黄胖子　（严重的沙眼，看不清楚，进门就请安）哥儿们，都瞧我啦！我请安了！都是自家弟兄，别伤了和气呀！

王利发　这不是他们，他们在后院哪！

黄胖子　我看不大清楚啊！掌柜的，预备烂肉面，有我黄胖子，谁也打不起来！（往里走）

二德子　（出来迎接）两边已经见了面，您快来吧！

二德子同黄胖子入内。

茶房们一趟又一趟地往后面送茶水。老人进来，拿着些牙签、胡梳、耳挖勺之类的小东西，低着头慢慢地挨着茶座儿走，没人买他的东西。他要往后院去，被李三截住。

李　三　老大爷，您外边遛遛吧！后院里，人家正说和事呢，没人买您的东西！（顺手儿把剩茶递给老人一碗）

松二爷　（低声地）李三！（指后院）他们到底为了什么事，要这么拿刀动杖的？

李　三　（低声地）听说是为一只鸽子。张宅的鸽子飞到了李宅去，李宅不肯交还……唉，咱们还是少说话好，（问老人）老大爷您高寿啦？

老　人　（喝了茶）多谢！八十二了，没人管！这年月呀，人还不如一只鸽子呢！唉！（慢慢走出去）

秦仲义，穿得很讲究，满面春风，走进来。

王利发　哎哟！秦二爷，您怎么这样闲在，会想起下茶馆来了？

也没带个底下人？

秦仲义 来看看，看看你这年轻小伙子会做生意不会！

王利发 唉，一边做一边学吧，指着这个吃饭嘛。谁叫我爸爸死得早，我不干不行啊！好在照顾主儿都是我父亲的老朋友，我有不周到的地方，都肯包涵，闭闭眼就过去了。在街面上混饭吃，人缘儿顶要紧。我按着我父亲遗留下的老办法，多说好话，多请安，讨人人的喜欢，就不会出大岔子！您坐下，我给您沏碗小叶茶去！

秦仲义 我不喝！也不坐着！

王利发 坐一坐！有您在我这儿坐坐，我脸上有光！

秦仲义 也好吧！（坐）可是，用不着奉承我！

王利发 李三，沏一碗高的来！二爷，府上都好？您的事情都顺心吧？

秦仲义 不怎么太好！

王利发 您怕什么呢？那么多的买卖，您的小手指头都比我的腰还粗！

唐铁嘴 （凑过来）这位爷好相貌，真是天庭饱满，地阁方圆，虽无宰相之权，而有陶朱之富！

秦仲义 躲开我！去！

王利发 先生，你喝够了茶，该外边活动活动去！（把唐铁嘴轻轻推开）

唐铁嘴 唉！（垂头走出去）

秦仲义 小王，这儿的房租是不是得往上提那么一提呢？当年你爸爸给我的那点租钱，还不够我喝茶用的呢！

王利发 二爷，您说得对，太对了！可是，这点小事用不着您分心，您派管事的来一趟，我跟他商量，该涨多少租钱，我一定照办！是！嗻！

秦仲义 你这小子，比你爸爸还滑！哼，等着吧，早晚我把房子收回去！

王利发 您甭吓唬着我玩，我知道您多么照应我，心疼我，决不会叫我挑着大茶壶，到街上卖热茶去！

秦仲义 你等着瞧吧！

乡妇拉着个十来岁的小妞进来。小妞的头上插着一根草标。李三本想不许她们往前走，可是心中一难过，没管。她们俩慢慢地往里走。茶客们忽然都停止说笑，看着她们。

小　妞 （走到屋子中间，立住）妈，我饿！我饿！

乡妇呆视着小妞，忽然腿一软，坐在地上，掩面低泣。

秦仲义 （对王利发）轰出去！

王利发 是！出去吧，这里坐不住！

乡　妇 哪位行行好？要这个孩子，二两银子！

常四爷 李三，要两个烂肉面，带她们到门外吃去！

李　三 是啦！（过去对乡妇）起来，门口等着去，我给你们端面来！

乡　妇　（立起，抹泪往外走，好像忘了孩子，走了两步，又转回身来，搂住小妞吻她）宝贝！宝贝！

王利发　快着点吧！

乡妇、小妞走出去。李三随后端出两碗面去。

王利发　（过来）常四爷，您是积德行好，赏给她们面吃！可是，我告诉您：这路事儿太多了，太多了！谁也管不了！（对秦仲义）二爷，您看我说的对不对？

常四爷　（对松二爷）二爷，我看哪，大清国要完！

秦仲义　（老气横秋地）完不完，并不在乎有人给穷人们一碗面吃没有。小王，说真的，我真想收回这里的房子！

王利发　您别那么办哪，二爷！

秦仲义　我不但收回房子，而且把乡下的地，城里的买卖也都卖了！

王利发　那为什么呢？

秦仲义　把本钱拢在一块儿，开工厂！

王利发　开工厂？

秦仲义　嗯，顶大顶大的工厂！那才救得了穷人，那才能抵制外货，那才能救国！（对王利发说而眼看着常四爷）唉，我跟你说这些干什么，你不懂！

王利发　您就专为别人，把财产都出手，不顾自己了吗？

秦仲义　你不懂！只有那么办，国家才能富强！好啦，我该走啦。我亲眼看见了，你的生意不错，你甭再要无赖，不涨房钱！

王利发　您等等，我给您叫车去！

秦仲义 用不着，我愿意溜达溜达！

秦仲义往外走，王利发送。

小牛儿搀着庞太监走进来。小牛儿提着水烟袋。

庞太监 哟！秦二爷！

秦仲义 庞老爷！这两天您心里安顿了吧？

庞太监 那还用说吗？天下太平了：圣旨下来，谭嗣同问斩！告诉您，谁敢改祖宗的章程，谁就掉脑袋！

秦仲义 我早就知道！

茶客们忽然全静寂起来，几乎是闭住呼吸地听着。

庞太监 您聪明，二爷，要不然您怎么发财呢！

秦仲义 我那点财产，不值一提！

庞太监 太客气了吧？您看，全北京城谁不知道秦二爷！您比做官的还厉害呢！听说呀，好些财主都讲维新！

秦仲义 不能这么说，我那点威风在您的面前可就施展不出来了！哈哈哈！

庞太监 说得好，咱们就八仙过海，各显其能吧！哈哈哈！

秦仲义 改天过去给您请安，再见！（下）

庞太监 （自言自语）哼，凭这么个小财主也敢跟我斗嘴皮子，年头真是改了！（问王利发）刘麻子在这儿哪？

王利发 总管，您里边歇着吧！

刘麻子早已看见庞太监，但不敢靠近，怕打搅了庞太监、秦仲义的谈话。

刘麻子 嗬，我的老爷子！您吉祥！我等了您好大半天了！（搀庞太监往里面走）

宋恩子、吴祥子过来请安，庞太监对他们耳语。

众茶客静默一阵之后，开始议论纷纷。

茶客甲 谭嗣同是谁？

茶客乙 好像听说过！反正犯了大罪，要不，怎么会问斩呀！

茶客丙 这两三个月了，有些做官的，念书的，乱折腾乱闹，咱们怎能知道他们捣的什么鬼呀！

茶客丁 得！不管怎么说，我的铁杆庄稼又保住了！姓谭的，还有那个康有为，不是说叫旗兵不关钱粮，去自谋生计吗？心眼多毒！

茶客丙 一份钱粮倒叫上头克扣去一大半，咱们也不好过！

茶客丁 那总比没有强啊！好死不如赖活着，叫我去自己谋生，非死不可！

王利发 诸位主顾，咱们还是莫谈国事吧！

大家安静下来，都又各谈各的事。

庞太监 （已坐下）怎么说？一个乡下丫头，要二百银子？

刘麻子 （侍立）乡下人，可长得俊呀！带进城来，好好地一打扮、调教，准保是又好看又有规矩！我给您办事，比给我亲爸爸做事都更尽心，一丝一毫不能马虎！

唐铁嘴又回来了。

王利发 铁嘴，你怎么又回来了？

唐铁嘴　街上兵荒马乱的，不知道是怎么回事！

庞太监　还能不搜查搜查谭嗣同的余党吗？唐铁嘴，你放心，没人抓你！

唐铁嘴　嗻，总管，您要能赏给我几个烟泡儿，我可就更有出息了！

有几个茶客好像预感到什么灾祸，一个个往外溜。

松二爷　咱们也该走啦吧！天不早啦！

常四爷　嗻！走吧！

二灰衣人——宋恩子和吴祥子走过来。

宋恩子　等等！

常四爷　怎么啦？

宋恩子　刚才你说“大清国要完”？

常四爷　我，我爱大清国，怕它完了！

吴祥子　（对松二爷）你听见了？他是这么说的吗？

松二爷　哥儿们，我们天天在这儿喝茶。王掌柜知道，我们都是地道老好人！

吴祥子　问你听见了没有？

松二爷　那，有话好说，二位请坐！

宋恩子　你不说，连你也锁了走！他说“大清国要完”，就是跟谭嗣同一党！

松二爷　我，我听见了，他是说……

宋恩子　（对常四爷）走！

常四爷　上哪儿？事情要交代明白了啊！

宋恩子 你还想拒捕吗？我这儿可带着“王法”呢！（掏出腰中带着的铁链子）

常四爷 告诉你们，我可是旗人！

吴祥子 旗人当汉奸，罪加一等！锁上他！

常四爷 甭锁，我跑不了！

宋恩子 谅你也跑不了！（对松二爷）你也走一趟，到堂上实话实说，没你的事！

黄胖子同三五个人由后院过来。

黄胖子 得啦，一天云雾散，算我没白跑腿！

松二爷 黄爷！黄爷！

黄胖子 （揉揉眼）谁呀？

松二爷 我！松二！您过来，给说句好话！

黄胖子 （看清）哟，宋爷，吴爷，二位爷办案哪？请吧！

松二爷 黄爷，帮帮忙，给美言两句！

黄胖子 官厅管不了的事，我管！官厅能管的事呀，我不便多嘴！（问大家）是不是？

众 嘛！对！

宋恩子、吴祥子带着常四爷、松二爷往外走。

松二爷 （对王利发）看着点我们的鸟笼子！

王利发 您放心，我给送到家里去！

常四爷、松二爷、宋恩子、吴祥子同下。

黄胖子 （唐铁嘴告以庞太监在此）哟，老爷在这儿哪？听说要安份儿家，我先给您道喜！

庞太监 等吃喜酒吧！

黄胖子 您赏脸！您赏脸！（下）

乡妇端着空碗进来，往柜上放。小妞跟进来。

小　妞 妈！我还饿！

王利发 唉！出去吧！

乡　妇 走吧，乖！

小　妞 不卖妞妞啦？妈！不卖啦？妈！

乡　妇 乖！（哭着，携小妞下）

康六带着康顺子进来，立在柜台前。

康　六 姑娘！顺子！爸爸不是人，是畜生！可你叫我怎么办呢？你不找个吃饭的地方，你饿死！我不弄到手几两银子，就得叫东家活活地打死！你呀，顺子，认命吧，积德吧！

康顺子 我，我……（说不出话来）

刘麻子 （跑过来）你们回来啦？点头啦？好！来见见总管！给总管磕头！

康顺子 我……（要晕倒）

康　六 （扶住女儿）顺子！顺子！

刘麻子 怎么啦？

康　六 又饿又气，昏过去了！顺子！顺子！

庞太监 就要活的，可不要死的！

静场。

茶客甲 （正与茶客乙下象棋）将！你完啦！

——幕落

阅读规划

我们在读《茶馆》的时候，不妨逐步分层阅读。建议用一周的时间读完全本。请根据下面的阅读主题，合理分配你的阅读时间，完成以下表格：

阅读主题	阅读时间	提要摘记	阅读心迹（可从人物性格、台词、矛盾冲突等方面呈现你的发现与收获）
第一幕			
第二幕			
第三幕			

交流平台

任务一：梳理人物关系图

《茶馆》描写了跨越三个时代的北京城形形色色的人物，构成了一个人像展览式的“浮世绘”。人物的故事、命运又紧密联系当时的时代发展，使得剧本紧针密线、形散而神凝，构成了一幅“清明上河图”式的民间众生。请你在阅读的过程中，以思维导图的形式，梳理出人物之间的关系。

提示：《茶馆》在结构艺术上，采取了三个断面连缀式结构，每一幕内部也以许多小小的戏剧冲突连缀，使剧本“以人物带动故事”“主要人物由壮到老，贯穿全剧”“次要人物父子相承”“无关紧要的人物招之即来、挥之即去”。所以，首先要确定出主要人物的关系。

任务二：我的自荐信

《茶馆》被誉为东方舞台上的奇迹，中国话剧史上的里程碑，它被视为老舍最优秀的剧作，话剧迷心目中的必修课，话剧演员以能扮演其中的角色为荣。如果你有幸参与《茶馆》的表演，你最想扮演的是哪一个角色？请结合你对人物身份、语言、性格的研读，结合自身优势，给导演写一封自荐信。

简·爱

⊙〔英国〕夏洛蒂·勃朗特

阅读导航

一直以来，周敦颐《爱莲说》中的“出淤泥而不染，濯清涟而不妖”这两句成为无数人不断追求的至高境界。读《简·爱》，就犹如品赏莲花，因为我们在仰望一个高贵的灵魂。

简·爱出身低微，从小父母双亡，被收养在舅母家，过着寄人篱下的生活。然而在这种受人轻视的环境里长大的简·爱，却拥有不屈的灵魂和与生活抗争的勇气。即使身份低微，相貌平平，简·爱依然不失追求爱的勇气。她始终坚信人没有高低贵贱之分，人人平等。她用她那独特的、自尊自信的性格打动了罗切斯特先生，激活了他那颗早已疲惫不堪的心。然而，并不是万事都如人所愿。就当简·爱认为自己找到了一个可以托付终身的人时，一个埋藏多年的秘密又使她跌落到了人生的低谷。自尊、自立、自强的简·爱毅然决然地选择了离开。她的离开维护了自己的尊严，正如“出淤泥而不染，濯清涟而不妖”的莲花一般纯洁、神圣。“平等对待，相互间的幸福也就有了保障”，当简·爱在一夜之间成为一名很富有的女继承人时，她的话、她的做法却令人震惊——她把继承的两万英镑财产与她的表兄、表姐平分。出身低微的简·爱竟然视金钱如粪土。她的慷慨大方还从另一个角度体现了她的平等思想。她不贪婪，在她眼中，亲情、友情远远胜过金钱。污浊的、腐朽的社会没有玷污她的灵魂，没有腐蚀她的心灵，她正如那朵盛开的莲花，纯洁，神圣。

“你的思想能够决定你的命运，命运掌握在你自己的手中。”这句话虽出自罗切斯特先生，情感却指向简·爱，同时也引发我们的深思。简·爱的伟大，不知不觉中被作者展示得淋漓尽致。她出身贫寒却蔑视金钱，她身份卑微低下却不自轻自贱，她渴望爱情却不失尊严。小说运用现实主义和浪漫主义相结合的表现手法，通过对主人公内心独白和心灵对话的描写，为我们展示出简·爱生动可感的形象。对这一人物的塑造，突破了欧洲传统小说中上层社会女性在男人的羽翼下娇柔脆弱、无病呻吟的形象，颠覆了当时社会生活中女性婚姻以追求财富地位为目的的价值观念，成为19世纪尚处于萌芽状态的欧美女权运动的先声。

让我们一起走进经典，走近简·爱，认识这位敢于反抗、敢于追求自由和平等地位的女性。

精彩选篇

第二十三章（节选）

仲夏明媚的阳光照耀着英格兰，天空如此明净，阳光如此灿烂，在我们这个波涛围绕的岛国，本来是难得有这样的好天气的，而近来却接连很多天都是这样，仿佛是意大利的天气来到了英国——就像一群欢快的过路候鸟从南方飞来，在阿尔比恩[①]的悬崖上暂时歇上一歇。干草全都收进来了，桑菲尔德四周的田地都

① 英格兰的旧称。

已收割干净，露出了一片绿色。大路让太阳晒得又白又硬。树木郁郁葱葱，树篱和林子枝繁叶茂，一片浓荫，与它们之间洒满阳光的明亮的牧草地，正好形成鲜明的对比。

施洗约翰节①的前夕，阿黛尔在干草村小路上采了半天野草莓，采累了，太阳一下山就去睡了。我看着她睡着后，才离开她，来到花园里。

这是二十四小时中最美好的时刻——“白天已耗尽了它炽热的烈火”②，露水清凉地降落在喘不过气来的平原和烤焦了的山顶上。在太阳没有披上华丽的云彩就朴素地沉落的地方，展现出一片壮丽的紫色，只有在一座小山峰上的一点上，正燃烧着红宝石和熊熊炉火般的光辉。那片紫色慢慢扩展着，愈来愈高，愈来愈远，愈来愈淡，直至覆盖了整整半边天空。东方则有它自己湛蓝悦目的美，有它自己那不大炫耀的宝石，一颗正在独自徐徐升起的星星。它过不多久就将以月亮而自豪，不过这会儿它还在地平线下。

我在石子小径上散了一会儿步，可是有一股幽幽的、熟悉的香味——雪茄烟味——从一扇窗子里飘了出来。我看到书房的窗子打开有一手宽光景。我知道可能会有人在那儿窥视我，于是我马上离开，走进果园。庭园里再没有哪个角落比这儿更隐蔽、更像伊甸园的了。这儿树木茂密，鲜花盛开。它的一边有一堵高墙，把它和院子隔开，另一边则有一条山毛榉林荫道形成屏障，使它和草坪分开。果园的尽头是一道低矮篱笆，这是它跟孤寂的田野

① 在每年的6月24日。

② 引自英国诗人托马斯·坎贝尔（1777—1844）的《土耳其夫人》一诗。

唯一的分界线。有一条蜿蜒的小路通向篱笆，小路的两边长着月桂树，路的尽头耸立着一棵高大的七叶树，树的根部围着一圈坐凳。在这儿，你可以自由漫步而不让人看见。在这蜜露降临、万籁俱寂、暮色渐浓的时候，我觉得自己仿佛可以永远在这浓荫里流连下去。果园的一个高处较为开阔，初升的月亮在这儿洒下了一片银辉。我被吸引着走向那儿，正穿行在花丛和果树之间时，我的脚步不由得停了下来——既不是因为听到了什么，也不是因为看到了什么，而是因为再次闻到了一股引起警觉的香味。多花蔷薇、青蒿、茉莉、石竹和玫瑰一直都在奉献着晚间的芳香，可是这股新的香味既不是来自灌木，也不是花香，这是——我非常熟悉——罗切斯特先生的雪茄香味。我看着四周，侧耳细听，我看到的是枝头挂满正在成熟的果实的果树，听到的是半英里外林子里一只夜莺的歌唱。看不见一个移动的人影，听不见任何走近的脚步声，可是那香味却愈来愈浓。我得赶快逃走。我正举步朝通向灌木丛的边门走去，却一眼看见罗切斯特先生正走了进来。我向旁边一闪，躲进常青藤深处。他不会逗留很久，一定很快就会回去的，只要我坐在那儿不动，他绝不会看见我的。

可是并非如此——黄昏对他像对我一样可爱，这个古老的花园对他也同样迷人。他继续信步朝前走着，一会儿托起醋栗树枝，看看枝头那大如李子的累累果实，一会儿从墙头摘下一颗熟透的樱桃，一会儿又朝一簇花朵弯下身去，不是去闻闻它们的香气，就是欣赏一下花瓣上的露珠。一只很大的飞蛾从我身边嗡嗡地飞过，停落在罗切斯特先生脚边的一株花上。他看见后，俯身朝它仔细地察看着。

“现在他正背朝着我，”我想，“而且又在专心地看着。要是我轻轻地走，也许能悄悄地溜掉，不让他发现。”

我踩着小径边上的草丛走，以免路上的石子发出声响把我暴露。他正站在离我的必经之路有一两码远的花坛间，那只飞蛾显然把他给吸引住了。“我一定可以顺利地走过去的。”我心里暗想。尚未升高的月亮把他的影子长长地投映在地上，当我跨过他的影子时，他头也不回地轻声说：“简，过来看看这小东西。”

我刚才并没弄出声音，他的背后又没长眼睛，莫非他的影子也有感觉吗？开始我吓了一跳，接着便朝他身边走去。

“瞧瞧它的翅膀，”他说，“它倒让我想起了西印度群岛的一种昆虫。在英国，这么大，色彩这么艳丽的夜游神，是不能见到的。瞧！它飞走了。”

蛾子飞走了，我也怯生生地退身离去。可是罗切斯特先生一直跟着我。两人走到小门边时，他说：

“转回去吧，这么可爱的夜晚，呆坐在屋子里太可惜了。在这种日落紧接月出的时刻，绝不会有人想到要去睡觉的。”

我有一个缺点：虽然有时候我的舌头能对答如流，可有时候却不幸地怎么也找不出一个借口。而且这种失误往往总是发生在某些紧要关头，在特别需要有一句机敏的话或巧妙的托词来摆脱难堪困境的时候。我不想在这种时候，在这座树影幢幢的果园单独跟罗切斯特先生一起散步，可是我又找不出一个理由让我作为借口离开他。我缓缓地拖着脚步跟在后面，脑子里苦苦思索着，想找出一个脱身之计。可是他看上去却那么镇静，那么严肃，倒让我因自己的心慌意乱感到愧疚起来。看来邪念——假如有邪念存在或者即将有邪念出现的话——只在我心中，他的心中根本没有这种想法，很平静。

“简，”当我们踏上两旁有月桂树的小径缓缓地朝矮篱笆和那棵七叶树漫步走去时，他又开口说起话来，“在夏天，桑菲尔德是个挺可爱的地方，是不是？”

“是的，先生。”

“你一定有些依恋上这座宅院了吧？……你是个对大自然的美颇有眼光，而且又很容易产生依恋心情的人。”

“我的确依恋它。”

“而且，尽管我不明白是怎么回事，但我看得出来，你对那个傻孩子阿黛尔，甚至还有那位头脑简单的费尔法克斯太太，已经有了几分感情，是吧？”

“是的，先生，尽管方式不同，我对她们两个都很喜爱。”

“那离开她们你会感到难受吧？”

“是的。”

“真遗憾！”他说，叹了口气，停了一会儿。“世上的事总是这样，”他又继续说道，“你刚在一个合意的歇息处安顿下来，马上就有一个声音朝你呼唤，要你起身继续上路，因为休息的时间已经过完了。”

“我得继续上路吗，先生？”我问道，“我得离开桑菲尔德？”

“我认为你得离开，简。我很抱歉，简妮特，不过我认为你确实得离开。”

这真是个打击，可是我并没有让它把我打垮。

“好吧，先生，开步走的命令一下，我就可以走。”

“现在就下了——我必须今天晚上就下。”

“这么说，你是要结婚了，先生？”

“正—是—如—此——一—点儿—不—错。凭着你的一贯敏锐，你这是一语破的。”

“很快，我的……哦，爱小姐。你也许还记得，简，我本人或者是传闻最初清楚地向你透露的情况：我打算把我的老单身汉的脖子伸进神圣的套索里，有意进入神圣的结婚阶段——把英格拉姆小姐拥抱在怀里（她那么大的个儿够我抱的，不过这没关系——像我的漂亮的布兰奇这样一个宝贝，是谁也不会嫌她个儿大的）。总之，呃，就像我刚才说的……听我说呀，简！你干吗扭过头去，是在找寻更多的飞蛾吗？那只是只瓢虫，孩子，‘正在飞回家’[①]。我是想提醒你，是你带着你那让我敬重的审慎，带着符合你的职责和身份的明智、远见和谦虚，首先向我提出，如果我娶了英格拉姆小姐，你和小阿黛尔最好是马上离开。你这提议中对我爱人的为人所暗含的诋毁，我并不想多做计较。真的，在你远离我之后，简妮特，我会尽量去忘掉它，而只注意其中的明智，这种明智我已把它作为我行动的准则。阿黛尔得进学校，而你，简小姐，得另找新职位。”

“好的，先生，我马上就登广告。在这期间，我想……”我正想说“我想我也许可以暂时待在这儿，等找到新的安身的地方再走吧”，但是我突然住了口，感到不能冒险去说这样长长的一句话，因为我的声音已经不太听从我的使唤了。

“大约再过一个月，我就要当新郎了，”罗切斯特先生继续

① 这是当时流行的儿歌中的词句：“瓢虫，瓢虫，快快飞回家……”

说道，“在这以前，我会亲自为你找一个工作和安身的地方的。”

“谢谢你，先生，我很抱歉给你……”

“哦，用不着道歉！我认为，一个雇员能像你这样忠于职守，她就有权要求她的雇主提供一点儿他不费举手之劳就能做到的帮助。说实话，我已经从我未来的岳母那儿听说，有一个我认为很适合你的位置，是在爱尔兰的康诺特的苦果山庄，教狄奥尼修斯·奥高尔太太的五个女儿。我想你会喜欢爱尔兰的，听说那儿的人都很热心肠。”

“可是路很远啊，先生。”

“没关系——像你这样有见识的姑娘总不会怕航行和路远吧。”

“不是怕航行，而是怕路远，再说，还有大海隔开了……隔开了英格兰，隔开了桑菲尔德，还有……”

“什么？”

“还有你，先生。”

我这话几乎是不由自主说出的，而且，同样不由自主地，我的眼泪也夺眶而出。不过我并没有哭出声来，以免被他听见。我压抑着抽泣。一想到奥高尔太太和苦果山庄，我心里就一阵发冷。想到看来注定将横贯在我和走在身边的这位主人之间的茫茫大海，我更觉得心寒。而最使我心寒的，是想起那更辽阔的海洋——阻隔在我和我无法避免、自然而然爱着的人中间的财产、地位和习俗。

“路很远啊。”我又说了一句。

“的确很远。你一去了爱尔兰康诺特的苦果山庄，我就再也见不到你了，简，这是肯定无疑的。我绝不会去爱尔兰，我向来就不太喜欢这个国家。我们一直是好朋友，简，是不是？”

“是的，先生。”

“朋友们在离别的前夕，总喜欢在一起度过余下的一点时间。来吧——趁那天空的星星越来越闪亮，让我们从从容容地谈谈这次航行和离别，谈上那么半个来小时。这儿是那棵七叶树，这儿有围着它老根的坐凳。来吧，今天晚上我们就在这儿安安静静地坐上一坐，今后我们可注定再也不能一起坐在这儿了啊。”

他招呼我坐下，然后自己也坐了下来。

“去爱尔兰路途遥远，简妮特，我很过意不去，让我的小朋友去做那么令人厌倦的旅行。不过，我没法安排得更好了，这又有什么办法呢？你觉得你有点跟我相像吗，简？”

这一次我没敢答话，我心里异常激动。

“因为，”他说，“对你，有时候我有一种奇怪的感觉——尤其是像现在这样你靠我很近的时候，仿佛我左肋下有根弦，跟你那小小身躯的同一地方的一根弦紧紧相连，无法解开。一旦那波涛汹涌的海峡和两百英里的陆地，把我们远远地分隔两地，我真怕这根联系着两人的弦会一下绷断。我心里一直就有一种惴惴不安的想法，担心到那时我内心准会流血。至于你嘛——你会把我忘得一干二净的。”

“我永远不会的，先生，你知道……”我说不下去了。

“简，你听见那夜莺在林子里歌唱吗？听！”我听着听着就啜泣起来，因为我再也抑制不住心中的悲伤，我不得不屈服了。剧烈的痛苦使我从头到脚浑身都颤抖着。等到我能说出话来时，我也只能表示出一个强烈的愿望：但愿我从来未出生过，从未来到过桑菲尔德。

“你因为离开它感到难过？”

我心中的痛苦和爱情激起的强烈感情，正在要求成为我的主宰，正在竭力要支配一切，要想压倒一切，战胜一切，要求生存、要求升迁，最后成为统治者。当然——还要说话。

“离开桑菲尔德我感到伤心。我爱桑菲尔德。我爱它。因为我在这儿过了一段——至少是短暂的一段——愉快而充实的生活。我没有受到歧视，我没有给吓得呆若木鸡，没有硬把我限制在低下庸俗的人中间，没有被排斥在和聪明、能干、高尚的人的交往之外。我能面对面地跟我所尊敬的人、我所喜爱的人——跟一个独特、活跃、宽厚的心灵交谈。我认识了你，罗切斯特先生，想到非得永远离开你，这让我感到害怕和痛苦。我看出我非离开不可，可是这就像是看到我非死不可一样。”

“你从哪儿看出非这样不可呢？”他突然问道。

“从哪儿？是你，先生，让我明明白白看出的。”

“在什么事情上？”

“在英格拉姆小姐的事情上，在一位高贵漂亮的女人——你的新娘身上。”

“我的新娘！什么新娘？我没有新娘！”

“可是你就会有的。”

“对，——我就会有的！——我就会有的！”他紧咬着牙关。

“那我就非走不可了，你自己亲口说过的。”

“不，你非留下不可！我要为这发誓——这誓言我一定遵守。”

“我跟你说，我非走不可！”我有点生气地反驳道。“你认为我会留下来，成为一个对你来说无足轻重的人吗？你认为我只是一架机器——一架没有感情的机器？你认为我能忍受让人把我的一口面包从嘴里抢走，让人把我的一滴活命水从杯子里泼掉吗？你以为因为我贫穷、低微、不美、矮小，我就没有灵魂，没有心吗？——你想错了！——我跟你一样有灵魂——也完全一样有一颗心！要是上天赐给了我一点美貌和大量财富，我也会让你感到难以离开我，就像我现在难以离开你一样。我现在不是凭着习俗、常规，甚至也不是凭着肉体凡胎跟你说话，而是我的心灵在跟你的心灵说话，就好像我们都已离开人世，两人平等地一同站在上天跟前——因为我们本来就是平等的！”

“因为我们本来就是平等的！”罗切斯特先生重复了一句——“就这样，”他补充说，将我一把抱住，紧紧搂在怀中，“就这样，简！”

“对，就这样，先生，”我回答说，“可又不是这样，因为你是个已经结了婚的人，或者等于是结了婚的人，娶的是一个配不上你的女人，一个意气不相投的女人——我不相信你真正爱她，因为我曾耳闻目睹过你讥笑她。我瞧不起这种结合，所以我比你好——让我走！”

“去哪儿，简？去爱尔兰吗？”

“对——去爱尔兰。我已经说出了我的心里话，现在去哪儿都行。”

“简，安静点，别这么挣扎了，像只绝望中狂躁的小鸟，拼命抓扯着自己的羽毛。”

“我可不是小鸟，也没有落进罗网。我是个有独立意志的自由人，我现在就要按自己的意志离开你。”

我又使劲一挣扎，终于挣脱出来，昂首直立在他的面前。

“那你就按你的意志来决定你的命运吧。”他说，“我向你献上我的心、我的手和分享我全部家产的权利。”

“你这是在演一出滑稽戏，看了只会让我发笑。”

“我这是在请求你一辈子跟我在一起——成为另一个我和我最好的终身伴侣。”

“对这件终身大事，你已经做出了你的选择，你就应该信守它。”

“简，请安静一会儿，你太激动了。我也要安静一下。”

一阵风顺着月桂树中间的小径吹来，颤抖着穿过七叶树的枝叶，飘然而去——吹向渺茫的远方——消失了。只有夜莺的歌声是这时唯一的声响。我听着听着，又哭了起来。罗切斯特先生默默地坐着，温柔而又认真地看着我。他有好一会儿没有作声，最后终于说：

“到我身边来，简，让我们做些解释，求得互相理解吧。”

“我绝不再到你身边去了。现在我已忍痛离开，不可能回去了。”

“可是，简，我是唤你来做我的妻子，我想要娶的只是你。”

我没有作声。我想他准是在捉弄我。

“来吧，简——过来。”

“你的新娘拦在我们中间。”

他站起身来，一步跨到我面前。

“我的新娘就在这儿，”他说着，再次把我拉进他怀里，“因为和我相配，和我相似的人在这儿。简，你愿意嫁给我吗？”

我仍不作回答，还是扭动着要挣脱他，因为我依然不相信。

“你怀疑我吗，简？”

“完全怀疑。”

“你不相信我？”

“一点也不相信。”

“我在你眼里是个撒谎者？”他激动地说，“小怀疑家，你会相信的。我对英格拉姆小姐有什么爱情呢？没有，这你是知道的。她对我又有什么爱情呢？也没有，正如我想方设法已经证实的那样。我有意让一个谣言传到她耳朵里，说我的财产还不到人们料想的三分之一，然后我就亲自去看结果怎么样，结果她跟她母亲全都冷若冰霜。我绝不会——也不可能——娶英格拉姆小姐。是你——你这古怪的，几乎不像尘世的小东西！——只有你，我才爱得像爱自己的心肝！你——尽管又穷又低微，既矮小也不美——我还是要恳求你答应我做你的丈夫。”

“什么，我！”我失声叫了起来。看到他的认真——特别是他的粗鲁——我开始有点相信他的真诚。“怎么会是我？我在这个世界上除了你，连一个朋友也没有——如果你是我的朋友的话。除了你给我的那点工资外，我连一个先令也没有啊！”

“是你，简。我一定要让你属于我——完完全全属于我一个人。你愿意属于我吗？说愿意，快说！”

“罗切斯特先生，让我看看你的脸。转过来朝着月光。”

“为什么？”

“因为我想看看你脸上的神情。转过来！”

“看吧，你将发现它不见得比一张皱巴巴、乱涂过的纸更容易看得明白。看吧，只要你快一点，因为我感到难受。”

他脸上神情激动，满脸通红，五官在抽搐，眼里闪现着奇异的光芒。

“哦，简，你是在折磨我！”他嚷了起来，“你在用寻根究底而又信任、宽厚的目光折磨我！”

“我怎么会折磨你呢？只要你是诚挚的，你的求婚是真心的，我对你的感情只能是感激和挚爱——绝不会是折磨！”

“感激！”他嚷了起来，接着又发狂似的补充说：“简，快答应我，说，爱德华——叫我名字——爱德华，我愿意嫁给你。”

“你是认真的吗？你真的爱我？你真心诚意希望我做你的妻子？”

“是的，要是一定要发誓你才能满意，那我就发誓。”

“好吧，先生，我愿意嫁给你。”

“叫我爱德华——我的小妻子！”

“亲爱的爱德华！”

“到我这儿来——现在整个儿投到我怀里来吧。”他说。随后他拿脸贴着我的脸，用最深沉的语调在我耳边继续说：“使我幸福吧，我也会使你幸福的。”

（宋兆霖/译）

阅读规划

阅读小说，首先要关注小说的基本要素，如故事情节、人物形象、环境描写等。其次，要关注以下几点：

1.了解小说的创作背景。

小说是社会生活的反映，了解小说的创作背景，有助于理解其思想内容和深刻内涵。比如，在《简·爱》的作者夏洛蒂·勃朗特所处的时代，英国已经成为强大的工业化国家，取得了海上霸主的地位，但当时英国女性还是男权社会的附庸。作者以火一样的热情、诗一样的语言抒发她的爱恨情仇，呼唤女性的人格独立和婚姻自主。

2.理解小说的文化内涵。

每一个民族的文学作品，都植根于它深厚的文化土壤。《简·爱》在叙事描写或人物对话中，经常涉及欧洲的历史、地理、文学等内容，常常引用古希腊神话、莎士比亚剧作等，偶尔使用法语、德语、意大利语，这些都彰显了作者的人文素养，体现了小说的文化内涵。

3.关注小说的叙事角度。

小说家根据创作的需要或审美的设定，采取不同的人称来讲故事，其表达效果也是不同的。小说一般采用第三人称或第一人称，前者视野广阔，内容丰富；后者便于拉近与读者的距离，便于抒情。《简·爱》采取的是第一人称的写法。作者以手写心，句句发自肺腑，字字血泪凝成，字里行间燃烧着她热情的火焰，情真意切，感人至深。

4.体会小说的语言特点。

外国小说特别是欧美小说，原文语句一般比较长，表意比较繁复，翻译成汉语也不免带有原作的痕迹，阅读时要仔细推敲，明晰语句的含义。大部分世界文学名著都有多个译本，可以查阅一些图书评论或专家推介资料，选择知名的版本来读。

我们在读《简·爱》的时候，可以逐步分层阅读。建议用五周的时间通读全书三十八个章节。请根据下面的阅读主题，合理分配你的阅读时间，完成下面的表格。

《简·爱》读书卡

阅读主题	阅读时间	提要摘记	阅读心印 （可从文章主题、人物、语言等方面写出你的发现与收获）
寄人篱下的不幸			
孤儿院的生活			
体验爱情			
悲痛的离别			
幸福终究会来			

交流平台

任务一：人物赏析

读了《简·爱》，根据你对简·爱的人生经历和性格特点的理解，为她写一篇人物传记。

任务二：爱情观讨论

列夫·托尔斯泰曾说："人不因美丽而可爱，却因可爱而美丽。"简·爱就是这样的一个人。她已成为妇女自尊自爱，争取人格独立、精神平等，勇于追求幸福爱情的代表。小说以大量篇幅描写了简·爱与罗切斯特曲折的爱情故事。对两个人物的爱情选择，你怎么看？你认为什么才是真正的爱情？请围绕这一主题展开讨论，说出自己的观点。

任务三：以演悟读

《简·爱》曾多次被改编为电影、话剧。请观看同名电影，欣赏其中的精彩对白，加深对原著的理解，并能根据戏剧单元的学习，将小说中的精彩片段改编为话剧，自行组织，进行表演。

提示：选取小说中你最喜欢的精彩片段进行改编，改编时注意时间、地点、人物等各要素要齐全，尤其要注意对白的设置，既要忠于原文，又要体现个性化。在尊重原著的基础上，可以做适当的补充和发挥。

敬 启

为编好这本书，我们与收入本书的作品（含图片）作者进行了广泛联系，得到了各位作者的大力支持。在此，我们表示衷心的感谢。但是，由于个别作者地址不详，虽经多方努力，仍无法取得联系。敬请各位有著作权的作者尽快与我们联系，以便我们支付稿酬，并致谢忱！

我们还要感谢使用本书的师生们。希望你们在使用本书的过程中，能够及时把意见和建议反馈给我们，对此，我们深表谢意，并将给予一定奖励。让我们携起手来，共同完成本书的建设工作。

联 系 人：梁老师　张老师

联系电话：010-58022100

联系邮箱：ztxx2008@sina.com

网　　址：http://www.ywztxx.com

地　　址：北京市海淀区知春路7号致真大厦A座18层

图书在版编目（CIP）数据

经典中漫步 / 徐名印主编. — 上海 : 上海教育出版社, 2021.6

ISBN 978-7-5720-0819-1

Ⅰ. ①经… Ⅱ. ①徐… Ⅲ. ①阅读课—初中—教学参考资料 Ⅳ. ①G634.333

中国版本图书馆CIP数据核字（2021）第142049号

责任编辑　张嘉恒　李光卫
封面设计　陈丽娟　王艺霖
著作权人　北京华樾教育科技有限公司

经典中漫步

徐名印　主编

出版发行　上海教育出版社有限公司
官　　网　www.seph.com.cn
地　　址　上海市永福路 123 号
邮　　编　200031
印　　刷　阳谷毕升印务有限公司
开　　本　720 × 1010　1/16　印张 66
字　　数　900千字
版　　次　2021年8月第1版
印　　次　2021年8月第1次印刷
书　　号　ISBN 978-7-5720-0819-1/G · 0635
定　　价　268.00元

如发现质量问题，请向本社调换　　电话 021-64377165